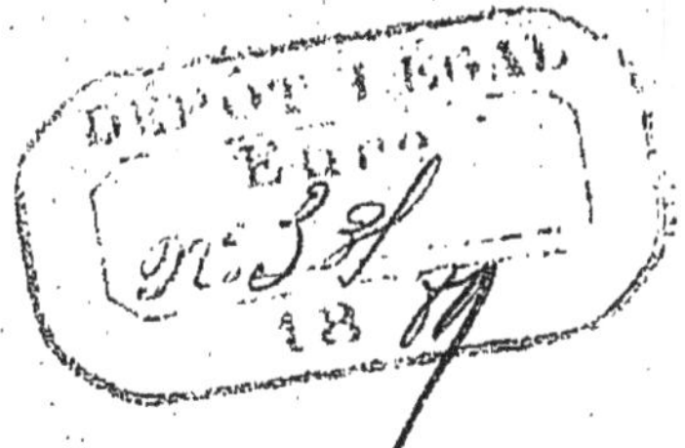

QUAND J'ÉTAIS MANDARIN

OUVRAGES DU MÊME AUTEUR

Les Chinois peints par eux-mêmes (sous le pseudonyme de Tcheng-Ki-Tong). . . . . 3 fr. 50

Le Théâtre des Chinois (sous le pseudonyme de Tcheng-Ki-Tong). . . . . 3 fr. 50

Le Journal d'un Mandarin (sous le pseudonyme du Mandarin). . . . . 3 fr. 50

La Vérité sur le Tonkin . . . . 2 fr. 00

En préparation.

La Belgique allemande.

Sous presse.

Félix Marjoux.

Francesco Crispi.

NENOURS-GODRÉ

Daniel O' Connell.

ÉVREUX, IMPRIMERIE DE CHARLES HÉRISSEY

FOUCAULT DE MONDION

QUAND
'ÉTAIS MANDARIN

PARIS
NOUVELLE LIBRAIRIE PARISIENNE
ALBERT SAVINE, ÉDITEUR
12, *Rue des Pyramides*, 12

1890

QUAND J'ÉTAIS MANDARIN

UN PSEUDONYME

I

LE DÉBUT D'UNE POLÉMIQUE

Le 11 octobre 1889 paraissait sous ma signature l'article suivant :

— On se rappelle peut être que M. le procureur général Quesnay de Beaurepaire, parlant de mes intrigues, a prétendu, au nom de la justice de mon pays, que ces intrigues constituaient le plus clair de mes revenus. Cela n'est guère intéressant en soi ; mais ce qui est intéressant c'est de m'avoir donné une raison de m'expliquer sur ces intrigues et de dire à ce sujet toute la vérité, rien que la vérité. J'ai la parole et je la garde.

J'ai déjà exposé mon rôle d'intrigant dans les négociations que j'ai conduites à Berlin [1], pour les-

[1] *La Vérité sur le Tonkin.* 1 vol.

quelles tout le monde a été récompensé, excepté moi. J'ai eu, il est vrai, les aménités de M. de Beaurepaire ; mais ce n'est pas assez. Je suis devenu ambitieux. Pour le moment, je m'accorde la satisfaction d'écrire les commentaires du fameux réquisitoire et de compléter des informations qui n'étaient obscures que pour être profondes ou méchantes.

La meilleure des jurisprudences est, d'après M. de Beaurepaire, celle de Basile.

Il y a dans ce réquisitoire, dans le passage qui me concerne, un mot tout bourré de sous-entendus, qui a dû faire impression sur les âmes conscientes et pudiques de nos sénateurs. Je suis dénoncé par l'accusateur public comme participant à une *certaine* littérature. Il ne dit pas que je suis un homme de lettres ou un publiciste : fi donc ! Ce titre aurait pu m'être favorable ; or, le seul devoir du magistrat était de me rendre plus noir qu'un nègre du Congo. Homme de lettres ! Alors un confrère de Lucie ? Cela ne pouvait être possible.

Je m'occupe donc, non pas de littérature, mais d'une *certaine* littérature, et le mot *certaine* a dû être prononcé avec un art !... On m'a dit que la majorité du Sénat avait compris que j'étais un pornographe ; on aurait voté, le Sénat constitué en Haute Cour m'aurait convaincu de pornographie. C'est le mot *certaine* qui était obscur. L'incident n'est qu'amusant, mais il me permet d'éclairer la lanterne de M. de Beaurepaire, afin que nous commencions à voir clair. Je n'aurais jamais révélé ce que je vais révéler sans l'imprudente insinuation de M. le procureur général.

Voici donc quel est mon bagage littéraire :

J'ai collaboré à la *Revue des Deux Mondes* sous le pseudonyme de colonel Tcheng-Ki-Tong. Je suis l'auteur des *Chinois peints par eux-mêmes*. J'ai écrit sous le même nom le *Théâtre des Chinois* édité par Calmann Lévy.

J'ai ensuite fait partie de la rédaction du *Journal des Débats* en qualité de correspondant de Chine, et mes correspondances ont eu à l'époque le don d'intriguer bien des gens. J'ai réuni en volume ces articles : ils ont paru à la librairie Plon, Nourrit et Cie, sous le titre de *Journal d'un Mandarin*, par un fonctionnaire du Céleste-Empire. Ce fonctionnaire, c'est moi, Monsieur le Procureur général : car, de par la grâce de sa Majesté l'Empereur de Chine, je suis fonctionnaire de 4e rang de l'Empire du Milieu, honoré de la médaille d'or et du bouton d'azur.

Ce sont mes services rendus — mes intrigues ! — qui m'ont valu cette haute dignité qui m'a été octroyée par décret, en 1881, pour des services rendus en 1878 et 1879. Si M. de Beaurepaire avait connu ces détails, il les eût arrangés et façonnés :

c'eût été bien curieux. Mais les rapports de police sont toujours incomplets.

Ainsi voilà trois volumes qui ont eu, je crois me souvenir, un assez joli retentissement. A propos du premier le journal *le Temps* vantait le style de l'auteur, et disait qu'il rappelait à la fois « l'ironie de Voltaire et la profondeur de Montesquieu ». Ce qui faisait répondre par Tcheng-Ki-Tong à ceux qui lui lui adressaient des questions curieuses sur les origines de son style qu'il avait beaucoup lu Bossuet. Que d'histoires de ce genre j'aurai à conter! Jusqu'à mon *Journal d'un Mandarin* que M. Joseph Reinach, de la *République Française*, voulait à toute force attribuer à M. Bourée, l'ancien ministre de France en Chine. Je puis dire, sans crainte d'essuyer la moindre riposte, que tous les ébahissements de la presse parisienne m'ont bien intéressé. En ai-je lu de ces lettres d'académiciens et de journalistes!

C'était moi qui faisais les réponses; et, quand j'étais séparé de mon pseudonyme, je recevais la correspondance; il me l'envoyait, et j'ai toutes ses lettres, qui sont bien drôles.

Un jour, M. Gérard, le diplomate, lui écrit pour lui dire que *son* chapitre sur le concubinage est digne de Platon, et il lui pose des questions. J'y réponds. La lettre de Gérard avait fait plus de 600 lieues.

Une autre fois c'est Vitu. « En vérité, écrit l'éminent critique du *Figaro* on dirait à vous lire que vous êtes un de mes confrères qui serait devenu général en Chine. »

Pas mal deviné. J'ai répondu aussi. Ma réponse est même tout entière de ma main, signature à part ; car je ne suis pas général chinois.

Depuis quatre ans, c'est donc moi qui ai rendu célèbre mon parisianisme. Ce sont mes œuvres qu'on a fêtées ; ce sont mes conférences qu'on a applaudies : elles étaient lues par Tcheng-Ki-Tong, auquel j'apprenais jusqu'à la manière de prononcer les mots difficiles. Je me rappelle le mot « chaos ; » j'ai dû en désespoir de cause, le remplacer par un synonyme ; l'effet eût été irrésistible.

Je n'ai pas l'intention de raconter par le menu toutes ces situations : on sent ce qu'elles devaient être. Je suis désolé de troubler la paix académique du célèbre général chinois : mais je me défends contre d'irréparables calomnies.

II

LA RIPOSTE DE TCHENG-KI-TONG DISSÉQUÉE

Le général Tcheng-Ki-Tong violemment attaqué dans son amour-propre « d'auteur improvisé » par la révélation que je venais de faire... si inopinément, suivit le conseil que lui donnèrent ses amis. On rédigea une lettre à sensation dont l'effet devait être foudroyant, et le Chinois la signa de son célèbre paraphe.

La lettre fut adressée au *Temps* qui *naïvement* la publia.

Cette lettre, si j'avais été consulté sur les tours habiles qu'elle devait imaginer, en restant dans mon personnage qui est celui du dupé malgré lui, je ne l'aurais pas conseillée plus avantageuse pour ma cause. J'aurais pensé que Tcheng-Ki-Tong et ses conseillers, prudemment inspirés, aient avoué une part de collaboration. J'admets en effet — ce qui est la réalité — que le petit cercle international de la place Victor Hugo ait une connaissance exacte des faits. Tout le monde sait dans l'entourage du général qu'il est aussi peu l'auteur de ses livres que l'enfant qui vient de naître ; mais il y a des intérêts très variés qui recommandent aux hôtes de cette Excellence de paravent de le flatter et de l'admirer. — Et l'on peut se figurer d'ici Tcheng-Ki-Tong, parvenu à force d'assimilation à se croire de l'esprit. C'est inénarrable !

Le point important que considérèrent exclusivement les amis du général chinois fut d'exploiter en faveur de leur client la situation de calomnié que m'avait faite le procès de la Haute Cour. Ils n'y manquèrent pas. Dans sa lettre le général se vante en effet, comme d'un avantage, « d'avoir rompu avec moi, *il y a beau temps*, en raison de qualités nouvelles qu'il m'a plu de prendre. » Cette affirmation audacieuse n'était qu'un écho des diffamations de M. Quesnay de Beaurepaire : c'était sa seule valeur. Puis, ayant commis ce beau mensonge, et comprenant tout le parti qu'il devait en tirer vis-à-vis du public, le loyal général proclame que *Mes ouvrages* sont les enfants de sa plume, « qu'ils ont été déclarés siens par imprimeurs, éditeurs et critiques ; qu'ils ont été inscrits, enregistrés, immatriculés en bonne et due forme à l'état civil de la république des lettres ! » Et c'est tout.

La presse parisienne parut soutenir tout d'abord la cause du jeune Chinois. Le *Temps* lui-même avait prouvé en publiant son imprudente lettre qu'il ne se souciait pas d'être impartial, puisqu'il rappelait en me citant que j'étais la même personne « qui fit si singulière figure dans le procès Boulanger ». Pour une singulière figure, en effet, c'en était une : mais elle était tout entière sortie de l'imagination d'un procureur aux abois, plus passionné de scandale que de justice. L'argument *a priori* qui devait m'être défavorable n'avait donc que ce seul but de m'être défavorable. C'est la raison pour laquelle je ne pus même pas obtenir de la rédaction du *Temps* que ma réponse à la lettre du général Tcheng-Ki-Tong fût insérée *in extenso*.

J'étais diffamé et je n'avais pas le droit de répliquer. De telles exceptions s'apprécient sans commentaires : faveurs pour les uns, calomnies pour les autres, le tout sous la haute recommandation de la liberté de la presse en particulier, et de la liberté en général. C'est dans l'ordre.

Ma lettre au *Temps* ne fut donc pas insérée. Je la reproduis ici à titre de document... pour les lecteurs du *Temps*.

« Paris, le 13 octobre 1889.

« Monsieur le Directeur du *Temps*, à Paris,

« Usant de mon droit de réponse, j'oppose le démenti le plus formel aux allégations qui ne sont qu'audacieuses de M. Tcheng-Ki-Tong.

« J'ai revendiqué comme miens les ouvrages dont j'ai cité les titres et qui ont paru sous son nom ; je les revendique parce que je puis prouver qu'ils sont mon œuvre et qu'ils n'ont pas cessé d'être ma propriété. Je mets au défi le général Tcheng-Ki-Tong de me faire un procès lorsque paraîtront les nouvelles éditions de mes ouvrages, *édités sur mes manuscrits*.

« Les impertinences que m'adresse M. Tcheng-Ki-Tong font mauvaise figure à côté des erreurs grossières que renferme sa lettre. Quand il se vante de m'avoir rendu des services, il oublie de mentionner ceux que je lui ai rendus et qu'il reconnaît — en quels termes? — dans les lettres ci-annexées. Le public appréciera.

« Quand il se vante de s'être séparé de moi — il y beau temps, comme il dit! — il commet une énormité. Qu'il indique donc une date! je l'en défie.

« Il ajoute qu'il a dû rompre avec moi « en « raison de qualités nouvelles qu'il m'avait plu de « prendre ». Il faudrait expliquer le sens de cette phrase, qui paraît renfermer un blâme, mais qui, en réalité, renferme une inexactitude, constitue une calomnie d'un caractère d'autant plus grave que c'est moi qui ai, spontanément, volontairement rompu avec Tcheng-Ki-Tong, à la suite de circonstances que révèle sa correspondance même.

« M. Tcheng-Ki-Tong, qui se vante de s'être séparé de moi, m'a conjuré, en effet, à diverses reprises et par lettre, de revenir auprès de lui, et cela longtemps après que je m'étais refusé à le revoir. Comment concilier cette attitude si humble avec la pose arrogante qu'il affecte de prendre aujourd'hui? Il n'a pas dit la vérité. Or, je puis prouver que je dis, moi, la vérité.

« Quant aux raisons que semble vouloir découvrir le général Tcheng-Ki-Tong dans l'invraisemblance de ma revendication, attendu que, d'après lui, je ne saurais pas le chinois, elles n'ont pas le sens commun. J'expliquerai très prochainement comment et aussi pourquoi j'ai écrit les ouvrages du général chinois. Tout le monde sera édifié. Certains détails sont extraordinaires, il est vrai : mais il y en a de bien amusants !

« Recevez, Monsieur le Directeur, l'expression de ma considération distinguée.

« FOUCAULT DE MONDION. »

A cette lettre j'avais annexé quelques passages tirés de la correspondance de M. Tcheng-Ki-Tong qui démontraient que je lui avais rendu les plus signalés services, et j'avais choisi ces extraits de manière à établir par un témoignage concluant combien étaient fausses les déclarations faites, pour sa justification, par le diplomate chinois, au journal le *Temps*. M. Tcheng-Ki-Tong avait absolument surpris la bonne foi du rédacteur de ce journal qui avait reçu sa lettre. C'est peut-être pour ne pas avouer cette situation singulièrement ridicule que le *Temps*, après tout, s'était refusé à insérer ma réponse.

Quoi qu'il en soit, je continuai ma polémique, devenue doublement intéressante pour moi, puisque à la revendication de mon droit s'ajoutait, par suite de l'inconcevable audace du diplomate chinois, ma défense personnelle contre une calomnie. Tchéng-Ki-Tong, dans sa lettre au *Temps*, avait trouvé des arguments admirables. Il rappelait que j'avais été son professeur (?), il y a une dizaine d'années, et il se fondait sur ce souvenir pour établir ce principe :

« Le maître, en général, se trouve fier de voir ses élèves profiter de ses leçons. »

La tactique n'était pas maladroite en soi, car elle me rendait la réplique assez difficile ; et l'auteur habile de la lettre au *Temps*, — habile mais mal informé — a si bien compris cette situation, qu'il revient à plusieurs reprises sur ce sujet, notamment quand il dit « qu'il *regrette* ne pouvoir me conserver la reconnaissance et l'estime qu'il a toujours vouées à tous ceux qui l'on fait profiter de leur savoir par leurs leçons et leurs conseils ».

Le bon apôtre que ce Chinois ! on n'est pas plus hypocritement faux. Car voici la vérité.

J'ai été effectivement le professeur d'un très intelligent officier chinois, dont je puis dire que *j'ai été fier de ses succès*, mais cet officier chinois ne s'appelait pas Tcheng-Ki-Tong ; c'était un de ses compatriotes, un autre officier chinois qui répondait au non de Ma-Kié-Tchong.....

Voyez-vous, pour sa justification, Tcheng-Ki-Tong usurpant la gloire de son camarade, l'illustre Mr Ma ? La tentation était bien forte pour un Chinois qui fait profession de diplomatie... Pensez donc que Ma-Kié-Tchong est de tous les Chinois dont on entendra jamais parler en France et en Europe le plus intelligent, et le plus instruit !

Ma-Kié-Tchong qui a quitté Paris en 1879 a laissé dans le monde universitaire un souvenir ineffaçable, pour les qualités de travail soutenu, pour la prodigieuse faculté d'assimilation, qui distinguaient son caractère. En Chine il est devenu un très haut personnage, un *lettré chinois* doublé d'un *savant européen*, et c'est lui, lui seul qui a profité de mes leçons et de mes conseils : car je l'ai fait recevoir bachelier ès sciences et bachelier ès lettres,... bi-bac, comme il disait lui-même dans l'argot sorbonien qu'ignore à coup sûr l'ignorant Tcheng-Ki-Tong. Ce dernier s'est imaginé qu'il pouvait sans inconvénient se faire passer pour son compatriote : il s'est donné pour mon élève. Etre bachelier en France, n'est pas plus difficile pour lui qu'être général en Chine.

Voilà donc un premier point de détail complètement élucidé, et voici, pour acquit, le document qui établit l'exactitude de mon affirmation :

MISSION CHINOISE
n° 2250. C

« Paris, le 11 juillet 1882

« Je soussigné, Directeur de la mission chinoise d'Instruction, certifie que Monsieur Foucault de Mondion a été pendant les années 1877 et 1878, professeur de lettres et de sciences de Monsieur l'officier chinois Ma-Kié-Tchong, et qu'il a réussi à lui faire passer avec succès les examens de bachelier ès lettres et de bachelier ès sciences.

Monsieur Ma ne possédait à son arrivée en France, en 1877, que très peu de notions de la langue et de la littérature françaises ; ses connaissances en latin étaient également incomplètes. Il a fallu que Monsieur Foucault de Mondion montràt une persévérance et une habileté dignes d'éloges pour que son élève pût passer les examens des deux baccalauréats avant la fin de l'année 1878.

« *Le Directeur de la Mission chinoise*,
« *Signé* : Prosper GIQUEL.

« Vu et approuvé
« *Signé* : LI-FONG-PAO. »

Le nom de M. Tcheng-Ki-Tong est il mentionné dans ce certificat? nullement. Donc en disant dans sa lettre au *Temps* que je devrais au moins être fier des succès de *mon ancien élève*, M. Tcheng-Ki-Tong a simplement travesti la vérité. Je n'ai à être fier, s'il y a lieu, que des succès de mon pseudonyme.

III

LES CALOMNIES DE TCHENG-KI-TONG

Dans sa lettre au *Temps*, le général chinois déclare « qu'il a dû rompre avec moi, il y a beau temps, en raison de qualités nouvelles qu'il m'a plu de prendre » ; et il ajoute, quelques lignes plus bas, « qu'il est désolé d'avoir, comme le dit un de ses proverbes, à jeter la pierre sur un homme déjà tombé dans le puits ».

On rencontre généralement la Vérité au fond d'un puits, et la Vérité toute nue, belle comme la merveilleuse apparition de Jules Lefebvre... Je ne me trouve pas si à plaindre que le Chinois veut bien le dire. Or voici ce que m'a raconté la Vérité : elle m'a dicté une lettre que j'ai adressée au *Temps*, et que le *Temps* a négligé d'insérer :

« Paris, le 27 octobre 1889.

« Monsieur le Directeur du *Temps*, à Paris

« Les explications que j'ai données ont prouvé que j'avais le droit d'affirmer que M. le général Tcheng-Ki-Tong avait usurpé la propriété de mes ouvrages.

« J'ai démontré en outre que M. Tcheng-Ki-Tong avait commis une faute grave — que les honnêtes gens apprécieront — quand il s'est cru autorisé à donner à notre séparation une cause qu'il savait fausse.

« La grande publicité et aussi l'autorité dont jouit votre journal ont ajouté à l'imputation calomnieuse de M. Tcheng-Ki-Tong une importance trop grande pour que je ne me préoccupe pas de ses conséquences. Je viens donc vous demander d'insérer la rectification suivante :

« Nous avons publié dans un de nos précédents « numéros une lettre de M. le général Tcheng-Ki-« Tong, dans laquelle il déclare « qu'il y a beau « temps qu'il a dû rompre avec M. Foucault de « Mondion, en raison de qualités nouvelles qu'il « lui avait plu de prendre. »

« M. Foucault de Mondion, proteste contre cette « allégation, dont il établit la fausseté par des « témoignages tirés de la correspondance même de « M. le général Tcheng-Ki-Tong. Voici les extraits « de ses lettres

« Paris, le 16 juin 1886.

1°

« Grande a été ma surprise lorsque j'ai appris « que vous vous êtes fâché contre moi. Je ne m'ex-« plique pas du tout. Que vous ai-je fait pour cela ? « Je vous assure que je n'y comprends rien.

« Maintenant vous me laissez au milieu de la « voie, après m'avoir embarqué. Que vais-je faire ? « Donnez-moi au moins un dernier conseil, afin « que je sache quelle direction prendre.

« C'est presque incroyable ! une amitié de dix « ans rompue par un soupçon !

Signé : « TCHENG-KI-TONG. »

« Paris, le 15 novembre 1886.

2°

« Décidément, nous ne nous verrons plus ? Opé-
« rez un bon mouvement, je suis sûr que vous ne
« perdrez rien.

« Votre tout dévoué.

Signé : « TCHENG-KI-TONG. »

« Paris, le 31 décembre 1886.

3°

« Mon cher ami,

« Quoi qu'il arrive, je ne veux pas laisser le
« jour de l'an sans vous exprimer tous les vœux
« que je forme pour votre santé et votre bonheur.
« J'espère que la nouvelle année vous ramènera
« au bon sentiment et vous débarrassera de celui
« qui vous pousse à en vouloir à un ami qui vous
« est le plus dévoué et le plus sincère.

Signé : « TCHENG-KI-TONG. »

« Il apparaît évidemment à la lecture de ces
« lettres que M. Tcheng-Ki-Tong n'avait pas le
« droit de déclarer qu'il avait dû rompre avec
« M. Foucault de Mondion. C'est le contraire qui
« est exact. »

« Je compte, Monsieur le Directeur, sur votre
« impartialité pour m'accorder au moins le droit de
« me défendre contre des accusations imaginaires.

« Veuillez agréer, etc.

« FOUCAULT DE MONDION. »

Sont-ce là des preuves, oui ou non ?... Je comprends pourquoi le *Temps* a préféré ne pas publier ma lettre : il avait publié la diffamation, et c'était le seul point intéressant à laisser sans réplique . . . .

. . . .

En dépit de mon insuccès... apparent, je continuai la polémique et j'écrivis les articles qu'on va lire. Je n'avais pas l'espoir de convaincre le *Temps* : car il n'est pas de pire sourd que celui qui ne veut pas entendre ; mais enfin il est toujours permis d'espérer contre toute espérance.

IV

COMMENT UN CHINOIS FAIT UN LIVRE SUR LA CHINE

Je me rappelle avoir lu, je ne sais plus où, une jolie poésie chinoise qui débutait ainsi : « Il y avait un mûrier tendre et flexible dont les feuilles et les branches couvraient la terre de leur ombre... Déjà tombent ses feuilles jaunes et desséchées... » Ces vers mélancoliques me font songer à ce pauvre M. Tcheng-Ki-Tong, lui le fier écrivain de la *Revue des Deux-Mondes* et le collaborateur du *Temps*, aujourd'hui déparé de toute sa gloire, et n'ayant plus que son titre de général chinois pour rassurer son dépit. Et ce qu'il y a de plus navrant, c'est que c'est moi, moi l'écrasé de la Haute Cour, moi un Outidanos de la plus pure espèce, qui cause tout ce malheur et provoque tout cet émoi. Mon succès, mon influence, ont été tels que je suis arrivé à faire écrire à M. Tcheng-Ki-Tong une lettre — la dernière ! — toute criblée d'erreurs et d'inexactitudes formidables. Si la diplomatie du Céleste-Empire cultive la sincérité avec autant de désinvolture, on peut, certes, lui prédire de l'avenir; ce n'est pas encore aussi fort que la diplomatie de Bismarck, mais les procédés y sont.

Donc nous sommes sans réponse du spirituel mandarin, qui me semble ressembler à ce personnage, légendaire en Chine, dont on a coutume de dire qu'il a des yeux de lynx, mais ne peut voir une voiture chargée de paille. Cependant le général Tcheng-Ki-Tong aurait bien pu mettre « un peu de jaune dans sa bouche », ce qui, dans sa langue maternelle, signifie, je crois, qu'il eût pu avoir l'habileté de rectifier ses fausses appréciations. Une erreur de mémoire n'est pas un cas pendable ; il lui eût suffi de constater qu'il avait imprudemment signé *sa* lettre au *Temps* sans la lire, pour désarmer notre courroux. Chacun est l'artisan de son propre malheur. Je n'y puis plus rien.

Comment j'ai fait *Les Chinois peints par eux-mêmes* est facile à expliquer. Le général Tcheng-

Ki-Tong, qui appelle mon ouvrage « l'enfant de sa plume » — un grand honneur pour moi — prétend qu'il faut savoir le chinois pour décrire la Chine. L'argument est joli ! je voudrais bien savoir ce qu'en pense Philippe Daryl, du *Temps*, lui qui connaît si bien la Chine ! Il n'existe pas, en réalité, de pays mieux étudié que la Chine ; le nombre des ouvrages qui ont été écrits sur la Chine a été compté un à un par M. Henri Cordier : il y en a plus de trente mille ! Quant au sujet chinois, quant à l'individu, il a été également analysé, et quand on connaît un Chinois, on les connaît tous. M. de Rochechouart a même dit à ce sujet que « c'était comme pour les canards ». Donc, il m'était bien aisé d'oser entreprendre de peindre les Chinois, puisqu'il était si facile de les connaître.

D'autre part, mon ouvrage, comme on l'a dit surabondamment, ne parle que très peu de la Chine. Dans la préface, page 9, j'ai introduit cette phrase, qui aurait dû prévenir les moins défiants : « Il ne faut pas oublier que je tiens une plume et non un pinceau, et que j'ai appris la manière de penser et d'écrire à l'européenne. » Vous voyez bien que, dès la préface, je mettais en garde mon public contre la crainte, qui eût pu être désastreuse pour Calmann-Lévy, qu'il ne sagissait que d'un livre sur la Chine. J'avais moins de prétention. Il m'a paru « amusant » et très utile dans l'espèce, de lancer sur le pavé de jade de Paris un jeune Chinois au globule de cristal, et de lui donner la haute renommée des écrivains d'esprit. Nous vivons à une époque où la critique est si clairvoyante que, même publié sous mon nom, l'ouvrage aurait fait son chemin. Le *Temps* ne m'aurait peut-être pas comparé à Voltaire ni à Montesquieu... Cependant, qui sait? M. de Beaurepaire n'était pas encore procureur général, et personne n'avait intérêt à me déconsidérer quand même. J'aurais donc pu, moi aussi, devenir citoyen de la grande cité intellectuelle et figurer sur les registres des éditeurs. C'est mon pseudonyme qui a eu cet honneur.

Pour faire le livre, j'ai lu quelques ouvrages traitant de la Chine, des livres *didactiques;* j'ai pris des notes, je me suis instruit et j'ai écrit de petits chapitres où je me contentais de ne pas parler de la Chine, ou le moins possible. Lorsque je notais un travers inhérent à notre Occident — et il y en a — je montrais qu'en Chine ce travers-là n'existait pas; je faisais de la Chine le pays de cocagne par excellence, la métropole des bonnes mœurs, la *Fleur,* la *Fine Fleur du Milieu*... C'est une Chine de fantaisie, tout imaginée par moi: j'ai fait le voyage de Bazin et j'ai conté mes impressions. Il ne faut pas plus de science pour étonner le « Tout-Paris ». Ce qui ne m'a pas empêché — soit dit entre nous — de railler en plus d'un endroit les récits des malheureux voyageurs qui ont été jusqu'en Chine. La tentation était trop forte ; je n'ai pas résisté, je l'avoue.

On me dira : « Mais le colonel Tcheng-Ki-Tong a dû vous donner de conseils, des renseignements, des notes...; en somme, vous avez écrit *son* « interview fait par *vous* ». Cette théorie eût pu être admissible, et je n'ai pas compris, étant donnée la situation réelle que je possédais, que le général Tcheng-Ki-Tong n'ait pas conseillé dans ce sens l'interprète de ses pensées. Si j'avais été là, j'eusse certainement donné ce conseil, quoiqu'il ne fût que le meilleur : car il n'était même pas bon.

De mes deux ouvrages, en effet, *Le Théâtre des Chinois* a été écrit à Berlin en l'absence du général Tcheng-Ki-Tong, qui résidait à Paris. La correspondance du célèbre général chinois *prouve* ce détail. J'ai écrit *Les Chinois peints par eux-mêmes* à Berlin, pendant que Tcheng-Ki-Tong y habitait. C'est moi qui lui ai fait caresser le désir de signer mon œuvre et de devenir célèbre, le prestige de la carrière militaire ayant été jusqu'alors insuffisant pour immortaliser son nom. Il ne m'a pas été bien difficile d'opérer des ravages dans le cœur ambitieux du jeune colonel — il n'était alors que colonel — qui, s'il avait de nombreux galons à coudre à sa tunique, ne possédait pas le moindre titre littéraire.

M. Tcheng-Ki-Tong devenait lettré en France sans l'être en Chine... C'était parfait et inédit. On consulta le docteur (il y avait un docteur dans l'affaire), et le docteur ayant dit « Oui », avec les restrictions de circonstance, le livre fut accepté : j'avais un pseudonyme *vivant*, un vrai Chinois à double queue, la première avec une natte et un nœud au bout, la seconde... derrière le chapeau. la célèbre queue de paon à un œil dont j'allais fournir les plumes.

V

LES NOTES FOURNIES PAR TCHENG-KI-TONG

Comme je le disais, j'ai écrit le *Théâtre des Chinois* hors la présence de mon pseudonyme : seul l'ouvrage *Les Chinois peints par eux-mêmes* (dont le titre ne m'a pas coûté grand effort d'imagination, puisqu'il suffisait de remplacer les *Animaux* par les *Chinois*) a été composé à Berlin à une époque où M. Tcheng-Ki-Tong résidait dans cette ville.

Je me garderai bien de cacher, et pour cause, que j'ai effectivement tenté d'obtenir de mon ex *élève* des indications sur certains sujets spéciaux. Je n'avais pas à l'interroger sur les actions ordinaires de la vie sociale des Chinois, car les livres fourmillent de détails aussi exacts que circonstanciés. J'ai eu le désir, bien naturel de ma part, de demander à M. Tcheng-Ki-Tong, *que je croyais un lettré chinois*, des notes sur des sujets inédits, des développements nouveaux sur certaines questions incomplètement connues; je voulais qu'il y eût au moins une preuve d'authenticité en faveur de l'auteur, et c'était en fournir une, et une très concluante, que de faire de l'érudition chinoise. Si le livre avait été construit de cette manière; si le colonel Tcheng-Ki-Tong m'en avait fourni les matériaux, et que mon rôle n'eût consisté qu'à les réunir entre eux par les procédés de rédaction ordinaires, je n'aurais jamais songé à revendiquer la moindre part de propriété de ce travail. Il serait enfant de la plume du général chinois... un enfant que j'aurais tenu sur les fonts baptismaux, voilà tout. Mais tous les efforts que j'ai tentés dans ce sens ont été vains : quel est donc le renseignement inédit que renferme mon livre? Il n'y en a aucun; il n'y a pas un trait de mœurs que je n'aie trouvé dans les livres : mon érudition est celle que chacun de nous peut acquérir, après une promenade chez les libraires Ernest Leroux et Maisonneuve; il n'y a pas un mot qui révèle son Chinois. Je n'ai même pas pu obtenir de mon pseudonyme qu'il me donnât des expressions littérales que j'aurais semées par-ci par-là pour donner un petit accent oriental à ma prose. Il n'y a rien, absolument rien qui appartienne à M. Tcheng-Ki-Tong dans l'ouvrage : il l'a reçu tout fait, et la copie de mon manuscrit — que je possède — a passé directement des mains du colonel Tcheng-Ki-Tong entre celles de M. Prosper Giquel, qui traita avec Calmann Lévy.

LES NOTES DE TCHENG-KI-TONG

Je ne veux pas abuser de la situation, et je pourrais m'en tenir à ces détails. Mais on oppose les affirmations du général Tcheng-Ki-Tong aux miennes, et alors que lui n'en établit aucune, moi je donne des preuves. Eh bien ! voici deux faits que je vais conter ; s'ils n'emportent pas la conviction, c'est que mes confrères ne voudront pas être convaincus.

M. Tcheng-Ki-Tong, que j'avais prié de me remettre quelques pages d'érudition de son cru, s'exécuta, et me donna une note sur la colonie juive qui habite en Chine. Je lus cette note, que je trouvai très intéressante, et M. Tcheng-Ki-Tong me dit que les renseignements qu'elle contenait étaient entièrement inconnus ; qu'à peine quelques érudits en Chine étaient au courant de cette question. Je pris la note, et je la retranscrivis dans mon ouvrage, où je pensai qu'elle attirerait les regards du monde de l'Institut. C'était une bonne fortune pour le livre et pour l'auteur.

Malheureusement, j'étais obligé de lire beaucoup de livres sur la Chine. Quelle ne fut pas, un beau jour, ma stupéfaction de découvrir, copiée *in extenso*, mais agrémentée d'erreurs, dans un livre anglais, la fameuse note sur les Juifs! Vous comprenez si je tombai de mon haut.

J'ai conservé la note manuscrite de M. Tcheng-Ki-Tong : la feuille de papier porte le cachet de la *Légation impériale de Chine*. C'est donc un vrai document. Le tableau comparatif qui suit prouvera surabondamment quel brillant auteur aurait pu faire M. Tcheng-Ki-Tong livré à toute son imagination :

LES JUIFS EN CHINE

PAR

LE G[L] TCHENG-KI-TONG

Les Juifs, selon les Chinois, arrivèrent dans l'Extrême-Orient deux cents ans avant l'ère chrétienne, du temps de la dynastie des Han.

Dans la capitale Kaï-Fong-Fou, de la province No-Nang, ils ont leur synagogue appelée Li-Paï-ssé, où les vieilles inscriptions sont en chinois pour la plupart et d'autres en hébreu.

Leur religion s'appelle Tiao-Kin-Kiao (secte qui arrache les nerfs). Dans le temple, il y a un lieu réservé pour le chef, qui n'y entre qu'avec un profond respect. Les Juifs chinois disent

LA CHINE

PAR

J.-J. DAVIS

(*Traduit de l'anglais*)
Tome Ier, page 18

Dans le 18e volume des *Lettres édifiantes*, on lit le récit des peines que se donnèrent les Jésuites en Chine pour découvrir l'origine de cette colonie de Juifs à *Kai-Fong-Fou*. Le plus heureux dans ses recherches fut le Père Gozani qui, en 1704, écrivit ce qui suit : « Pour ce qui concerne ceux qu'on nomme ici *Tiao-Kin-Kiao* (*la secte qui arrache les nerfs*)... je leur rendis visite dans le *Li-Paï-ssé*, qui est *leur synagogue*, et où ils étaient que leurs ancêtres étaient venus d'un royaume appelé Juda, conquis par Josué, après qu'il eût quitté l'Egypte, passé la mer Rouge et traversé le désert; que les Juifs qui émigrèrent d'Egypte étaient au nombre de six mille.

rassemblés : ce fut là que j'eus de longs entretiens avec eux.

« J'examinai *leurs inscriptions* dont quelques-unes *sont en chinois, et d'autres* dans leur propre langue. Ils me montrèrent leurs livres religieux..........

» *Il y a un lieu réservé pour le chef de la synagogue, qui n'y entre jamais qu'avec un profond respect.*

» *Ils me dirent que leurs ancêtres étaient venus d'un royaume de Juda, conquis par Josué, après qu'il eût quitté l'Egypte, passé la mer Rouge et traversé le désert; que les Juifs qui émigrèrent d'Egypte étaient au nombre de six cent mille...* »

La note de M. Tcheng-Ki-Tong a trois pages; à part quelques erreurs du genre de cette dernière, six mille au lieu de six cent mille, le texte est exact.

Mes confrères de lettres comprendront qu'après avoir échappé à de pareilles infortunes — qui sont cependant amusantes comme trait de mœurs très extrême-orientales — j'ai bien le droit de me considérer comme même un peu plus que l'auteur de mon livre.

LITTÉRATURE CHINOISE

Ce n'est pas tout. Il existe une seconde aventure dans laquelle j'ai couru de plus grands dangers encore. Celui-là aurait pu être mortel. J'avais à écrire un chapitre sur la littérature chinoise. C'est l'affaire de mon ex-élève, devais-je penser à bon escient : il va me faire un travail complet. Je lui soumis ma demande, et à ma grande joie j'appris que je venais d'enfoncer une porte ouverte, que M. Tcheng-Ki-Tong avait déjà fait ce travail, que même il avait paru en allemand, dans la *Deutsches Revue*, et qu'il avait reçu l'éloge du public des lettrés berlinois. La nouvelle me fit grand plaisir. Je demandai donc le manuscrit français de l'intéressante étude, car M. Tcheng-Ki-Tong n'écrit pas l'allemand.

Cette étude était remarquablement bien faite, tellement bien faite même, que je conçus des doutes et que je retournai le lendemain à la légation de Chine, pour... m'informer. La scène dont les deux acteurs étaient le colonel-diplomate et moi mériterait d'être écrite pour le Théâtre-Libre. On dira ce qu'on voudra : tout le monde n'a pas, dans cette vie si courte et si monotone, des impressions aussi... violentes.

Je déclarai tout d'abord à l'auteur que son œuvre était admirable, ce dont l'auteur ne se sentit pas de joie : je le vois encore, il « glabrissait » de contentement. Il m'expliqua que le sujet, que ses études, que, etc., etc... Je le laissai s'expliquer. — « Mais, lui dis-je, il y a le style. « Le style, c'est l'homme », a proclamé un grand philosophe chinois qui s'appelait Confucius (Tcheng-Ki-Tong opina) : or, ce n'est pas votre style; on vous a aidé, ou bien... On entend d'ici le dialogue : j'arrivai à confesser mon jeune Chinois, et je découvris, ce qui était bien facile à deviner, que M. Tcheng-Ki-Tong avait mystifié ces bons Allemands; que le distingué écrivain de la *Deustche Revue* avait tout bêtement copié un chapitre entier dans un livre français traitant de la littérature chinoise; qu'il avait fait traduire son *manuscrit* par un certain M. Stromer, de Leipzig, et que le tout avait été imprimé dans la sérieuse *Revue allemande* comme l'œuvre géniale du fameux Tcheng-Ki-Tong. On peut se renseigner, l'histoire est authentique, et j'en possède les preuves documentaires... Paris n'a rien à envier à Berlin : c'est pouffant!

RÉPONSES AUX CALOMNIES

. . . .

Eh bien! mes chers confrères de la presse parisienne, vous qui me traitez si mal depuis quelque temps... commencez-vous à voir clair? Et toi journal *le Temps* dont la puissance peut aller jusqu'à transfigurer la calomnie et lui donner les ailes de l'Ange de Vérité, continueras-tu à douter et à prétendre acclimater tes illusions? Je vous l'ai dit et redit, le diplomate général Tcheng-Ki-Tong, représentant de S. M. l'empereur de Chine surnommé le « Nombril de l'Univers », n'est qu'un pantin, dans toute la réalité de la définition, et je vous certifie qu'il ne dira pas mot, — car j'ai ma sacoche remplie, bourrée de lettres qui répondront victorieusement à tous les mensonges, à toutes les diffamations.

. . . .

VI

CHOSES AFFIRMATIVES

Ces explications commencèrent à « remuer l'opinion », et le silence du général Tcheng-Ki-Tong aidant, l'incident parut définitivement clos. Quelques journaux, *le Siècle*, *le Voltaire*, firent quelques articles concluants; le *Paris* fut, je crois, un des seuls journaux qu'on peut citer sans se compromettre, qui maintint sa confiance dans la parole du général chinois. Un ami inconnu me fit parvenir un numéro de ce journal contenant une brillante chronique sur les metteurs de virgules. Le metteur, c'était moi. Je crus devoir répondre à cet article: mais ma réponse ne fut pas insérée, sous le prétexte quelque peu subtil que j'appartenais à la rédaction du *Petit National*. Néanmoins le *Paris* déclarait que ma réponse contenait des choses *affirmatives*. On va en juger :

« Paris, le 26 octobre 1889.

« Monsieur le Rédacteur en chef du *Paris*,

« On me communique seulement aujourd'hui un article signé Caribert et ayant pour titre « Les metteurs de virgules », qu'il m'est vraiment impossible de laisser passer sans le compléter par quelques renseignements précis.

« Je comprends que le sujet ait tenté le chroniqueur — qui l'a du reste traité avec beaucoup d'esprit. — Mais sa bonne humeur s'exerce un peu trop librement à mes dépens. Vous me permettrez donc de vous adresser cette réponse que vous me ferez l'honneur, je n'en doute pas, d'insérer dans le plus prochain numéro de votre journal.

« J'ai publié une série d'articles que vous n'avez peut-être pas lus, dans lesquels j'ai démontré que j'avais effectivement le droit de me dire l'auteur de mes ouvrages, *Les Chinois peints par eux-mêmes*, *Le Théâtre des Chinois*, etc., etc. Je n'ai pu évidemment produire toutes mes preuves que je compte réserver pour l'audience, si M. Spuller veut bien répondre favorablement à la demande que je lui ai adressée il y a aujourd'hui huit jours.

« Je détache à votre intention quelques feuilles de mon dossier : ce sont des extraits des lettres autographes de M. Tcheng-Ki-Tong.

« Le 13 juin 1884, il m'écrit :

« J'ai dit à Paul Calmann-Lévy de me rédiger « un catalogue de tous les livres publiés sur la « Chine en français et en anglais. Avec ça je « pourrai facilement me procurer tous les ouvrages « pour vous envoyer. Le prochain ouvrage que « vous me proposez de publier sera très intéres- « sant, je prévois. »

« Je suppose que vous interpréterez comme moi, comme tout le monde, le sens de cette lettre. Tcheng-Ki-Tong reconnaît que c'est moi qui lui ai proposé « le prochain ouvrage », et toute sa collaboration consiste à *prévoir*, d'après l'exposé général que je lui en ai fait, que l'ouvrage sera intéressant! Les livres qu'il m'a envoyés — tous les livres publiés sur la Chine, dit-il naïvement — ont-ils eu pour but de m'approvisionner de virgules! J'y ai recueilli de précieux renseignements, et toutes les traductions des pièces chinoises qui figurent dans mon ouvrage: *car, remarquez que je n'ai même pas pu obtenir de mon pseudonyme qu'il me traduisît une seule scène d'une pièce inédite ;* il n'y a pas un document nouveau dans mon livre. Ce qui ne se rapporte pas à la Chine n'est que de la narration et de l'imagination. Je puis indiquer chaque page qui m'a donné une note utile, et vous devez bien supposer du reste que l'examen seul de mon manuscrit suffirait pour tout écrivain expérimenté à fixer sa conviction. Or je possède mon manuscrit. Il a été recopié de ma main, puis imprimé, édité, « immatriculé », sans que M. Tcheng-Ki-Tong y ait écrit un seul mot. Jusqu'à son nom, surtout son nom, tout est de moi.

« Ne croyez pas que j'exagère cette situation qui certes est déjà suffisamment comique ; je la dépeins telle qu'elle est.

« Lorsque vous me dites, par exemple, que M. Tcheng-Ki-Tong est l'auteur de *sa* lettre au *Temps*, vous commettez une erreur volontaire. Je lui ai fait toutes ses lettres pendant plusieurs années ; j'ai bien le droit d'être renseigné ! Du reste, lisez ceci, ou pour mieux dire, en restant dans le sujet, respectez ceci :

« Le 20 juin 1884, M. Tcheng-Ki-Tong m'écrit :

« Je vous envoie sous ce pli un article de *le*
« *Monde* d'aujourd'hui. Si vous croyez qu'une
« réponse vaut la peine, je ne demanderai pas
« mieux : *Alors je vous prierais de la rédiger.* »

« Le 27 juin, il m'écrit :

« Merci pour la réponse au *Monde*. »

« Le 1er juillet 1884 il me demande des vers pour une dame — une gentille *dédicatesse*, écrit-il : je lui envoie deux dédicatesses, ce qui me vaut la réponse suivante datée du 7 juillet :

« Merci de la rédaction des deux dédicaces qui
« vont *faire bonheur* de quelques cœurs humains. »

« A quelque temps de là, nouvelle demande :

« Ce matin, m'écrit-il, M. A. Périvier, gérant « du *Figaro*, est venu me voir me demandant un « article de 150 lignes « *environs* » pour le *Figaro* « *illustré*. Pouvez-vous me faire l'article en ques- « tion en choisissant un sujet chinois inédit? »

« Je puis multiplier ces citations, si elles vous intéressent. Pour conclure, vous apprécierez sans doute cette réponse que m'écrivit M. Tcheng-Ki-Tong, un jour que je m'informais auprès de lui si le *Figaro* paierait: « Ne croyez pas que je fais don « de ma générosité *avec les fruits du travail de mon* « *ami.* »

« Vous voyez, Monsieur le Rédacteur en chef, qu'il ne s'agit pas là de virgules, mais bien *du fruit, des fruits, de mon travail.* J'en ai revendiqué la paternité et la propriété : c'est mon droit.

« Veuillez agréer, etc. »

Le *Paris* a trouvé cette réponse *affirmative ;* mais il ne l'a pas publiée. Il paraît que c'était son droit. Il ne s'agissait cependant pas d'une question politique... c'est un mystère.

VII

LA CORRESPONDANCE DE TCHENG-KI-TONG

Afin de compléter la démonstration que j'ai voulu faire, je publie ici des extraits de la correspondance de M. Tcheng-Ki-Tong. Bien entendu je n'ai choisi que les extraits se rapportant aux questions soulevées par le général lui-même dans sa lettre aux *Temps*. Je réponds à ses calomnies. Je réserve pour une occasion prochaine une autre correspondance relative à des questions d'un ordre tout différent. Il ne s'agit actuellement que de littérature.

I

« 6 mai 1884.

« Merci de votre mot. Je suis un peu plus rassuré. Mais je vous en prie, suivez bien et strictement l'ordonnance du docteur. Car la santé avant tout.

« Ayez la patience pour la rétablir plus vite. Nous voudrons encore faire bien des entreprises ensemble. *Qui sait que nous ne deviendrions pas un jour millionnaires!* »

II

« Paris, le 12 mai 1884.

« Je vous envoie sous bandes les épreuves de MON livre en vous priant de les corriger, si vous pouvez. *Car ne possédant pas l'original*, je ne puis pas le faire moi-même, ces messieurs ayant donné LE manuscrit à la *Revue des Deux-Mondes* qui commencera à publier dès le 15 prochain. »

III

« Paris, le 13 juin 1884.

« Vos lettres collectionnées m'ont fait le plus grand plaisir; je vous en remercie beaucoup.

Le succès du livre est tout à fait rassuré (*sic*). On ne parle que de moi partout, chez le duc de Bassacia (*sic*), chez la princesse de Sagan, etc.

« La *Revue* va donner le dernier article dans son prochain numéro. Ce sont, JE CROIS (! !), les *Poésies*, l'*Orient et l'Occident*, la *Société européenne* et l'*Arsenal*.

« Je suis invité tous les jours. Comme un pavillon (*sic*), je vole de salons en salons. Jamais je ne rentre avant minuit

. . . .

« J'ai dit à Paul Calmann-Lévy *de me rédiger un catalogue de tous les livres publiés sur la Chine*, en français et en anglais. Avec ça je pourrai facilement me procurer tous les ouvrages pour vous les envoyer. Je vous enverrai bientôt l'ouvrage de M. Renan sur les religions.

. . . .

« *Le prochain ouvrage* [1] *que vous me proposez de publier sera très intéressant, je prévois.*

« Je ne crois pas pouvoir me faire nommer au

[1] Le *Théâtre des Chinois*.

Figaro, ma position m'en interdit. Mais nous pourrons composer une pièce pour *le Français*.(!) La diplomatie ne pourra pas m'empêcher d'être *compositeur*.

« Je ne veux rien demander à l'Académie jusqu'à nouvel ordre. Trop pressé ne vaut rien. Je pense que mon gouvernement m'en saura gré. Ceci est plus nécessaire *pour vous* et pour moi.

« TCHENG. »

IV

« Paris, le 20 juin 188[illegible].

« Merci de votre lettre que j'ai reçue ce matin. Je pense qu'il ne faut pas attacher avec une trop grande importance à l'article du *Gaulois* (1).

« Je vous envoie sous ce pli un article découpé de *le Monde* d'aujourd'hui. Dites s'il faut ou non répondre. *Il me semble que j'ai tout dit dans mon chapitre*. Si vous croyez qu'une réponse vaut la peine, je ne demanderai pas mieux. *Alors je vous prierais de la rédiger*. »

Cet article du *Monde* qui avait ému le colonel — il n'était alors que colonel — avait à ses yeux une grande importance et mérite que je lui accorde une place toute spéciale.

En écrivant *Les Chinois peints par eux-mêmes*

(1) Cet article n'était pas aimable pour le général.

j'avais eu moins l'intention de faire un ouvrage d'érudition exacte qu'un livre de haute fantaisie. Puisque j'avais adopté un pseudonyme chinois, je ne pouvais pas, à mon grand regret, je l'avoue, traiter certaines questions comme elles auraient dû l'être consciencieusement. Je m'excuse d'avoir donné sur ces sujets, et entre autres sur celui de l'œuvre de la Sainte-Enfance des renseignements absolument faux. Je ne les appuyais du reste d'aucune autorité ; j'ai écrit au hasard quelques phrases sentimentales : le sujet y prêtait très généreusement, et je ne pouvais pas m'imaginer que mon ouvrage allait devenir une sorte de monument fixant pour les siècles à venir l'opinion qu'il faut avoir sur la Chine. Cette question de l'œuvre de la Sainte-Enfance a une importance trop grave pour que je ne profite pas de cette occasion qui m'est si favorable pour rendre à la vérité tous ses droits

Cela dit, je retranscris ici l'article du *Monde* qui répond victorieusement aux fantaisies dont je suis le très excusable auteur :

Les petits sous de la Sainte-Enfance.

Un officier chinois, M. le colonel Tcheng-Ki-Tong, vient de faire paraître dans la *Revue des Deux-Mondes* une série d'études comparatives sur la France et sur la Chine.

Ancien attaché militaire de la légation chinoise à Berlin, le colonel formule des appréciations fort caustiques sur le monde auquel il est actuellement mêlé, et juge la France d'après les personnages qu'il rencontre dans les salons officiels. C'est ainsi que l'opinion généralement répandue en Europe sur l'urbanité française lui paraît singulièrement contredite par l'attitude et les façons des habitués de l'Elysée. M. Tcheng-Ki-Tong décrit, par exemple, avec une verve malicieuse, le carnavalesque spectacle que présentent les salons présidentiels dès que le buffet est livré à l'assaut des invités. Nous pourrions faire remarquer au colonel que l'élite de la société parisienne n'est pas, dans ces moments-là tout entière groupée autour de M. Grévy et de sa famille, et que les députés qui mettent dans leurs poches les sandwichs et les babas du gouvernement ne représentent point précisément la fleur du patriciat français.

Mais c'est aux feuilles officieuses qu'il appartient de relever ces médisances. Nous nous contenterons, en ce qui nous concerne, de protester contre les allégations dirigées par M. le colonel Tcheng-Ki-Tong contre une œuvre qui nous tient au cœur : nous voulons parler de la Sainte-Enfance. Le rédacteur de la *Revue des Deux-Mondes* inflige une dénégation formelle aux récits des missionnaires relatifs à l'abandon des petits Chinois. Comme ce démenti vient en aide aux assertions calomnieuses de nos adversaires, nul doute qu'il ne soit pieusement recueilli par eux. Dès mardi soir, le *Temps* l'enregistrait avec une visible complaisance. Sans manquer de respect à M. le colonel Tcheng-Ki-Tong et sans mettre en suspicion la bonne foi de ce fonctionnaire chinois, nous permettra-t-on de lui opposer les affirmations de deux voyageurs français dont la haute probité n'est contestée par personne?

Voici ce que nous trouvons d'abord dans le *Voyage pittoresque autour du monde* de l'amiral Dumont d'Urville. (T. Ier, p. 340) :

« L'humanité, l'amour paternel, la charité sont des vertus ignorées chez les Chinois, qui ne s'occupent que d'eux. C'est sans doute à cet égoïsme abrutissant qu'il faut attribuer *l'énorme quantité d'infanticides* dont ce pays est témoin chaque année. Loin de sévir contre ce crime atroce, le gouvernement le tolère et l'autorise presque : l'une *des occupations de la police de Pékin est de ramasser chaque matin les enfants que l'on a jetés pendant la nuit*. On entasse les victimes dans des charrettes et on les porte pêle-mêle, vivants et morts, dans une *voirie située* hors de la ville. Quelques auteurs *ont porté à trente mille le nombre des infanticides commis dans une année.* »

Que pensent de ce tableau nos confrères du *Temps?...*

On sait quel succès obtint, dès son apparition, le *Voyage autour du monde*, de M. le marquis de Beauvoir. Le charme du style, l'abondance et la précision des détails donnèrent à ce livre un crédit que l'assentiment de la presse tout entière consacra. Eh bien ! quel langage tient M. de Beauvoir ? Après avoir raconté que, dès son premier voyage à Canton, il rencontra, sur un espace de cinq cents mètres, *sept enfants*, âgés de quelques mois, abandonnés nus et glacés sur le sol, M. le marquis de Beauvoir ajoute :

« Je l'avoue bien franchement et je prie les Missions de me le pardonner, *je n'avais jamais voulu croire à l'exposition des petits Chinois*. Je me disais que, puisque les bêtes féroces soignent leurs petits, il ne devait pas y avoir de pays où l'abandon des enfants fût devenu une coutume ! Ah ! maintenant que j'ai vu la plaie, comme Thomas, je suis convaincu et je m'incline. Je verrai toute ma vie ces sept enfants jetés aux gémonies, à la porte de la première ville chinoise que nous visitons ; ces sept enfants que nous fait découvrir notre première promenade au hasard dans la campagne de Canton. Je ne m'étonne plus désormais du chiffre de vingt ou vingt-cinq mille auquel les *Annales de la Propagation de la Foi* portent, si je m'en souviens bien, le nombre des enfants exposés par an dans les grands centres chinois (p. 423-425). »

Dans une autre page, M. de Beauvoir nous montre les Sœurs de Charité « partant le matin avec une hotte et, *chiffonnières d'enfants*, allant ramasser par les ruelles, dans les faubourgs, près des buissons, les pauvres petits êtres qu'elles trouvent les moins meurtris. En une seule année, 4,883 enfants ont été recueillis de la sorte et payés 4,244 francs, soit 85 centimes par tête : la valeur d'une livre de laine en Australie ! » (p. 437).

Faut-il ajouter au témoignage du marquis de Beauvoir celui du baron de Hubner ? « Hier encore, — dit l'illustre voyageur en parlant de sa visite à l'orphelinat de Su-Kia-Wei, — ces petits êtres gisaient sur un tas d'immondices, exposés à être dévorés par les cochons. » (*Promenade autour du monde*, t. II, p. 245 à 247.) Nous pourrions encore invoquer l'autorité d'un grand nombre de voyageurs. Nous préférons appeler l'attention de M. le colonel Tcheng-Ki-Tong sur des documents officiels émanés des autorités chinoises.

Voici d'abord un extrait d'un édit du trésorier général de la province du Houpé, second en dignité après le vice-roi :

« Nous Ling, légat impérial dans la vice-royauté du Hou-Kwang, etc.

« Nous publions le présent édit pour faire défense de noyer les petites filles... Quoique, parmi le peuple, il y ait des gens qui élèvent avec amour ces petites filles, nous savons que sur *dix* il y en a à peine *deux* ou *trois* qui agissent ainsi. »

Nous trouvons, dans le *Foochow-Herald* du 10 août 1876, le texte d'une proclamation non moins édifiante, adressée par les magistrats du Fo-Kien aux populations de cette province. Nous n'en citerons que la première phrase :

« La perverse coutume de tuer les petites filles dans la province du Fo-Kien, provient de la perte complète de la conscience. »

Un lettré fantasque de la même province crut devoir augmenter l'effet de la proclamation en publiant un avis céleste, qui lui aurait été révélé par Teng, seigneur du Lac de Sang. Jugeant insuffisantes les peines temporelles édictées par les magistrats, ce lettré pronostique des châtiments extraordinaires, dans un avis ainsi conçu :

« Teng, seigneur du Lac de Sang et général des Cinq Fleurs, fait connaître ce qui suit :

« Je remarque qu'une foule de gens pervers de ce monde noient leurs filles aussitôt après leur naissance. Je me demande avec étonnement pour quel motif ils traitent de la sorte leurs propres enfants. Par leur perversité sans pareille, ils détruisent leur race, etc., etc. »

Citons un dernier document officiel : c'est un édit de la cour impériale de Pékin. Voici la traduction de cet édit, avec deux autres pièces officielles qui s'y rattachent (Extrait du *Journal de Pékin*, des 13 et 14 de la 2e *lune*, 29 et 30 mars 1866) :

« Les deux reines mères régentes de l'Empire, ont rendu le décret suivant :

« Notre secrétaire Lin-che nous a respectueuse-« ment fait savoir que, parmi notre peuple, la « coutume de noyer les petites filles n'est pas « encore extirpée, et il nous prie de la prohiber « sévèrement. Notre susdit secrétaire nous annonce « que ce crime est commis encore dans les pro-« vinces de Canton, Fo-kien, Tché-kian, Chan-si, « etc., et qu'il est difficile de supposer qu'il ne « se commette pas aussi dans les autres provinces « de l'Empire...

« Que les préfets et sous-préfets de toutes les « villes invitent les notables à contribuer à l'érec-« tion d'orphelinats destinés à recueillir les enfants « abandonnés ; de cette sorte les pauvres ne pour-« ront plus objecter leur pauvreté pour se justi-« fier du crime abominable de tuer les enfants « qu'ils ont engendrés. »

Extrait de la dépêche du vice-roi Lao adressée à LL. MM. Impériales :

« *L'évêque du Kouy-tchéou* a sauvé beaucoup de malheureux émigrants, mais *surtout il a recueilli un nombre incalculable d'enfants abandonnés.* Nous avons cru interpréter les intentions de Vos Majestés en lui confiant nos orphelinats. »

(Dépêche extraordinaire arrivée au Kouy-tchéou le 5 août 1866.)

Adresse du ministre chargé de veiller à l'exécution du précédent édit impérial :

« Aux deux régentes de l'Empire.

« Je viens de parcourir les provinces du Chantong et du Tché ly pour rentrer à Pékin. Sur toute la route, j'ai vu un grand nombre de pauvres et d'émigrants. *Ils jettent sur les chemins leurs enfants, qui pleurent ainsi abandonnés.* C'est à faire pitié. »

L'édit ajoute :

« Vos Altesses Impériales ont donné des ordres, afin qu'on fasse dans toutes les provinces des orphelinats pour y recueillir les enfants. Il n'y a que Lao-tsong-kouan, vice roi du Yun-nan et du Kouy-tchéou, qui nous annonce que, dans la métropole du Kouy-tchéou, les orphelinats sont nombreux et bien tenus, et qu'on y recueille beaucoup d'enfants. »

Or, M. le colonel Tcheng Ki-Tong veut-il savoir quels sont les orphelinats qu'exalte l'édit impérial? Ces orphelinats, où sont recueillis « les enfants jetés sur les chemins », sont non des établissements chinois, mais des établissements français.

Si, dans les dénégations que nous venons de relever, M. le colonel Tcheng-Ki-Tong est de bonne foi, on nous permettra de trouver notre lettré chinois bien ignorant des choses de son pays.

S'il est, au contraire, instruit des faits signalés par les édits dont nous avons donné des extraits, n'aurons-nous pas le droit de l'accuser d'une singulière ingratitude?

L'année dernière, un ancien consul, M. Eugène Simon, publia dans la *Nouvelle Revue* une étude où se trouvaient accumulées les mêmes erreurs. Nous protestâmes aussitôt. Après nous avoir adressé une lettre dans laquelle il nous menacait d'une réfutation en règle, M. Eugène Simon a prudemment gardé le plus respectueux silence. M. Tcheng-Ki-Tong observera-t-il la même tactique.

OSCAR HAVARD.

V

« 27 juin 1884.

« Merci pour la réponse au *Monde*. Il faut attendre un jour meilleur pour l'envoyer [1]. Est-ce votre avis? Je n'ai pas de nouvelles de Lévy.

Signé : « TCHENG-KI-TONG. »

« Je vous envoie le catalogue des livres chinois, dites-moi lesquels il faut prendre. »

[1] J'ignore si cette réponse a paru. J'en ai retrouvé le texte dans mes archives. On sera peut-être curieux de savoir ce que j'ai répondu au *Monde*, car je me suis moi-même intéressé à faire revivre ces souvenirs qui prouvent à défaut d'autre expérience, que souvent l'histoire s'écrit de bien singulière façon.

J'avais plaidé, dans la complète ignorance où j'étais du sujet, les circonstances tout au moins atténuantes.

« Vous voudrez bien, disais-je, convenir qu'il existe au moins

VI

« Paris, le 1er juillet 1884.

« Avez-vous besoin de me dire tant de choses? Ne pensé-je pas à vous constamment? Vous m'avez rendu tant de services, il faut que je ne sois pas homme pour me séparer de vous. Soyez sûr que vous avez toute ma confiance : nous vivrons à l'inséparable.

« Croyant qu'après le règlement définitif de la question politique et qu'après le changement de nos diplomates, je serai chargé d'autres missions industrielles *dont nous avons parlé auparavant*, je

un doute sur la question, et que les auteurs ne sont pas d'accord. Les voyageurs qui restent huit jours à Canton peuvent se tromper et les chiffonnières d'enfants peuvent bien avoir été entrevues par l'imagination seule. Quant à moi, *je nie*, c'est entendu, quoique je connaisse la puissance d'un préjugé. On aura beau dire, les porcs mangeront toujours de l'enfant abandonné : cela sera toujours aussi vrai que le droit du seigneur, les tortures de l'Inquisition et toutes les rengaines *ejusdem farinæ* que les touristes du temps passé auraient voulu vous faire accroire.

« Vous dites que les orphelinats dont parle l'édit impérial sont des établissements français. Quand cela serait? J'ignore ce que vous voulez prouver par là. Voulez-vous dire qu'il n'y a pas d'établissements chinois? Ce serait méconnaître la vérité : *car il y en a.*

« Je ne suis nullement embarrassé pour dire que s'il y a des établissements de bienfaisance alimentés par de l'argent français, j'en suis fort aise pour les malheureux qui s'en trouvent bien. On a tort de vouloir *nationaliser* l'argent de la charité. Il ne faut voir que le bien sans regarder l'effigie de la monnaie. Autrement, vous ne prêtez plus à Dieu, selon une belle expression de votre belle langue. »

. . . .

Et ainsi de suite ; ce n'était pas très méchant.

vous prie par conséquent de ne rien changer votre installation.

« Calmann Lévy m'annonce que c'est demain 2 juillet il mettra en vente...

« Une dame m'a demandé de lui faire hommage mon livre avec une gentille *dédicatesse*. Voulez-vous me faire quatre ou huit vers pour cela ? Elle est très riche et fort aimable pour moi, très spirituelle et assez jeune encore, ou du moins elle veut l'être.

Signé : « TCHENG. »

J'envoyai à mon sémillant oriental les dédicatesses, qu'il trouva charmantes. Il n'était pas difficile. De mon côté, avais-je besoin de torturer la muse pour un intérim aussi ingrat ? Les premières rimes venues me parurent suffisantes, et, quoique n'étant pas aussi riches que la dame, elles étaient cependant fort aimables, ainsi qu'on va en juger.

LES « DÉDICATESSES »

I

Hommage de l'auteur ! Mais c'est bien vrai, madame !
C'est un hommage, ô ciel ! et j'ose écrire un mot
Qui depuis si longtemps se taisait dans mon âme !
Que de reconnaissance à cet *in-octavo* !

II

Le travail a ses croix, mais aussi son bonheur.
Rassurez-moi madame, et dites en votre âme
Si ces mots tant vantés : Hommage de l'auteur,
Sont les plus doux de ceux qu'ait souhaités ma flamme ?

A mon envoi, Tcheng-Ki-Tong me répondit par la lettre suivante :

« Paris, le 7 juillet 1884.

« Merci de la rédaction des deux dédicaces qui vont *faire bonheur* (sic) de quelques cœurs humains. Merci. »

. . . .

« Quelques cœurs humains ! » Mais alors il en a fait une circulaire de mes dédicatesses ! Il les a prodiguées ! Et moi, naïf, qui croyais que mes vers allaient orner la première page blanche de mon livre et rester l'hommage anonyme d'une passion plus anonyme encore ! »

VII

« Paris, le 1er juillet 1884.

« J'ai envoyé de suite votre liste à Calmann-Lévy en le priant de me procurer les ouvrages. On me les enverrai bientôt. »

VIII

« Paris, le 14 juillet 1884.

« Je donne mon entier assentiment au contenu de votre lettre que je viens de recevoir et je vais maintenant fabriquer une lettre à Ma, suivant les trois points que vous me donnez. Je vous remercie infiniment de m'avoir donné la préférence à laquelle je suis très sensible. Vous avez répondu à ma confiance si dignement ; maintenant c'est à moi à répondre à la vôtre. C'est donc une solidarité qui ne sera dissoute que par la mort...

Signé : « TCHENG. »

IX

« Paris, le 29 juillet 1884.

« Ce matin M. A Périvier, gérant du *Figaro*, est venu me voir me demandant un article de 150 lignes *environs* pour le *Figaro illustré* de cette année. Je lui ai parlé par l'occasion de la *Parisine* : il sera très heureux de la publier. Envoyez-le-moi donc au plus tôt possible ! seulement *je ne crois pas qu'on paiera l'article. Il serait difficile et délicat de le lui demander. Qu'en pensez-vous ?*

« Pour le *Figaro* illustré M. Périvier désire avoir l'article demandé dans trois semaines. *Pouvez-vous me faire l'article en question, en choisissant un sujet chinois inédit*[1] *?*

« D'après M. Calmann Lévy mon livre est à la sixième édition. Je suis obligé de croire tout ce qu'il dit. M. Simonin que j'ai vu hier m'affirme qu'il a vu paraître la dixième édition : je vais m'en assurer bientôt.

« Une lettre de Tien-Tsin me demande si je voulais aller commander quelques régiments, et

[1] On trouvera plus loin l'article que je rédigeai, mais qui ne fut publié qu'en 1885.

une autre de Washington si j'acceptais le poste de chargé d'affaires à Madrid. Ni l'une ni l'autre de ces propositions ne me convient : je vais donner à chacune une réponse négative. L'arrivée du docteur est annoncée pour vendredi prochain. »

X

« Paris, 4 août 1884.

« Le docteur est arrivé avant-hier et *m'a remis les deux manuscrits* [1] *qui après être lus sont des bijoux.*

« Notre ami commun m'a offert en même temps le service d'ambassade auprès du *Figaro*. J'eus accepté cette gracieuseté avec empressement si je n'étais pas arrêté par plusieurs réflexions. J'espère que vous les approuverez. Quant à vous votre travail sera toujours récompensé. J'hésite seulement sur mon arrangement avec le *Figaro*. Ne croyez pas que je fais don de ma générosité avec les fruits du travail de mon ami.

Le chapitre de *Péristyle* est charmant. Il vaudrait peut être mieux ne pas le donner aux journaux. Que pensez-vous? Car nous le publierons en volume. »

Ce chapitre que Mr Tcheng-Ki-Tong qualifie de charmant était le premier chapitre de mon ouvrage

[1] *Sous le Péristyle et la Parisine.*

Le Théâtre des Chinois. Le voici, tel qu'il plut à mon cher pseudonyme :

SOUS LE PÉRISTYLE

La pensée qui dirige notre curiosité, lorsqu'une pièce de théâtre est soumise à notre étude, est-elle le désir de trouver une représentation de mœurs qui nous sont inconnues ou l'expression d'un art dramatique indépendant? Telle est la question que je me suis posée dans le moment même où je cherche à présenter au public des lettrés français une esquisse de notre théâtre et de nos mœurs dramatiques.

Les comparaisons sont des habitudes de l'esprit : mais ce sont de mauvaises habitudes, et je ne m'en suis jamais mieux rendu compte qu'en étudiant ce sujet. On ne compare jamais que lorsqu'il y a avantage à le faire : c'est un moyen de démonstration qui séduit comme une sorte de sophisme. Je me garderai donc bien de comparer le théâtre français et le théâtre chinois, tentation qui serait très légitime pour un Français parce qu'elle lui assurerait la mention : *Hors Concours* — ce titre que les artistes arrivés inscrivent comme un honneur sur le cadre de leurs toiles — mais qui n'amènerait aucune conclusion. Les comparaisons se rapporteraient plutôt à la mise en scène qu'à la scène elle-même. Si vous appelez le « théâtre » la représentation que donnent dans la maison de Molière ces maîtres artistes qui ont fait de leur profession un art si élevé qu'on ne sait lequel admirer le plus de l'auteur ou de l'acteur, je garderai le silence.

Si vous appelez le « théâtre » ces réunions somptueuses où la société la plus élégante de Paris étale dans les loges, sous l'éclat des lustres éblouissants, le luxe de la beauté féminine parée de diamants et de toilettes merveilleuses, j'effacerai le titre même de cette étude et je bannirai de ma pensée l'idée singulière d'avoir osé vouloir parler du théâtre chinois.

Je me mêle à la foule des spectateurs : j'écoute avec respect les vers sublimes de Corneille : je reste suspendu aux lèvres de Camille et je hais avec elle l'impitoyable Rome. La muse de Racine fait entendre à mes oreilles ravies une langue admirablement poétique, et toutes les délicatesses du sentiment parviennent droit à mon cœur, escortées de toutes les grâces du style le plus harmonieux. L'enthousiasme le plus noble et l'émotion la plus douce se communiquent tour à tour à ma pensée qui médite en secret et sur les passions un peu théoriques des héros de Corneille et sur l'héroïsme plus accessible et plus humain des créations de Racine.

Puis le théâtre change : voici le rire comique et

profond du grand Molière, et je bats des mains, et semblable au spectateur d'autrefois, je suis tenté de m'écrier : « Bravo, Molière ! » Est-ce que ces comédies ne sont pas toujours actuelles ? que Dieu me pardonne ! elles dépeignent aussi nos travers et nos ridicules ! Ainsi le génie fait fraterniser tous les peuples, parce qu'il n'y a qu'un seul homme dans le monde : c'est vous, c'est moi, c'est nous tous ! voilà le théâtre français ! aussi chaque fois que j'assiste à une pièce de Molière, il me vient toujours cette réflexion : ces œuvres-là devraient réconcilier tous les hommes qui prétendent monopoliser les perfections, et graver dans les cœurs le dogme de la Fraternité. On se contente de rire ; Molière n'a-t-il donc pas eu un but plus élevé ? Que ce grand cœur aimait les hommes, malgré son masque railleur !

Si donc on ne cherche pas uniquement au théâtre la représentation de faits divers appartenant à des mœurs locales ; si l'on peut voir autre chose sur la scène que l'éclat des costumes et la splendeur des décors ; si l'on a assez de force d'esprit pour faire abstraction du cadre et ne considérer que l'œuvre nue ; si l'on veut bien isoler et ne considérer dans le théâtre que l'art, indépendamment des coutumes, des idées acquises, des préjugés ; si l'on y cherche enfin des hommes mis en scène par une volonté d'artiste, parlant et agissant pour aboutir à un but déterminé qui est comme la démonstration d'un théorème posé d'avance, alors seulement je m'enhardirai à parler de notre théâtre sans avoir besoin de faire appel à la bienveillance de mes lecteurs. Autrement, je resterais sous le péristyle?

Il m'eût été facile de suivre une autre voie, de dire à ceux qui se plaisent à railler : « Remontons s'il vous plaît trois siècles en arrière, et voyons ce qu'est le théâtre français en 1584. »

Si l'on se rappelle l'histoire du passé — s'il est un passé pour les modernes — le théâtre est alors ce lugubre drame qui s'appelle la Ligue. La scène française n'a pas encore d'histoire, et à part les représentations des Mystères et de quelques farces où commence à pétiller l'esprit gaulois, malicieux et plaisant, on ne voit absolument rien qui fasse présager les destinées brillantes du théâtre français.

Un siècle plus tard, les chefs-d'œuvre qui l'immortaliseront seront créés; le monde moderne a levé son étendard, et une grande lumière a paru dont les rayons deviendront des foyers. Les idées nouvelles surgiront violemment et auront le fracas des éclairs. Dans cette tourmente il paraîtra des géants : les uns, à coups de plume, tailleront de larges brèches dans les idées d'autrefois et façonneront les esprits à leur image, nouveaux dieux d'un nouveau monde; les autres, à coups de sabre, à coups de canon, se rueront sur toutes les frontières, portant l'épouvante et le patriotisme dans toutes les âmes, animant l'univers d'une vitalité immense, et les peuples en armes apprendront le culte passionné du drapeau. Certes, il m'eût été aisé, répondant à la comparaison par la comparaison, de tenir compte des dates : car, le météore qui a lui sur l'Occident est resté au-dessus de l'horizon et a rendu la partie singulièrement inégale.

J'aurais pu, grâce à ce système, montrer, non sans orgueil, de quel éclat brillait notre art dramatique alors qu'il n'existait pas en France. Mais ces sortes de rivalités n'apportent que des plaisirs personnels qu'il faut s'habituer à dédaigner quand on veut faire œuvre utile. A quoi bon me désespérer si je n'ai pas à présenter à mes lecteurs d'Occident un Molière ? Sommes-nous les seuls qui ayons à regretter cette infortune, et ne la partageons-nous pas avec tous les peuples de l'univers ? Nos procédés scéniques sentent le vieux temps et n'ont pas pris les conseils de la mode élégante ; nos acteurs ne vont pas au Conservatoire se former à l'art difficile de bien dire ; et nos actrices... nous n'en avons pas. Vous voyez bien qu'il me fallait infiniment de précautions pour entreprendre un tel sujet, et lui conserver de l'intérêt, quand même.

XI

« Rome, le 28 mai 1885.

. . . .

« Un des rédacteurs du journal *Fracassa* que je connaissais de Paris, me demande de lui écrire quelques lignes sur l'Italie, ou sur un sujet quelconque de ce pays, afin qu'il puisse le traduire et le publier dans son journal.

« *Un jour où vous seriez assez disposé, je vous prierais de vouloir bien faire la besogne pour moi.* »

XII

« Paris, le 2 août 1885.

« Toutes les citations de mes lettres sont authentiques, et je défie qui que ce soit de dire que je varie un instant mon sentiment.

« Si Dieu me prête la vie je deviendrai certainement quelqu'un et je ferai quelque chose. *Non pas* pour moi seul, mais pour l'*ami aussi qui m'a rendu des grands services.*

« Ceci, *je vous jure* sur tout ce que j'ai de plus cher, est la vérité; et c'est une pensée qui m'a toujours accompagné quel que soit le lieu où je me trouve. Est-ce assez?

« Croyez que mon amitié et ma gratitude envers vous sont sans bornes et qu'aucune tactique dangereuse ne me séparera de vous.

Signé: « TCHENG. »

XIII

« Paris, le 2 août 1885.

. . . .

« Je n'ai pas encore le temps de voir Calmann Lévy : par conséquent, il ne peut pas être question de la seconde publication. Si les journaux en parlent, c'est une indiscrétion de M. P. G.

« *Avec tout cela soyez sûr que je ne ferai rien sans que vous me donniez l'autorisation, et au besoin je retirerais le manuscrit* [1]. »

XIV

« Paris, le 7 octobre 1885.

« Depuis votre départ, tout est devenu silencieux. Votre télégramme, en même temps que *la palme de l'instruction publique* sont arrivés à temps pour ranimer l'esprit.

« J'en suis tout à fait confus et radieux. Merci mille fois. »

XV

« Paris, le 8 octobre 1885.

« Voici deux lettres que je reçois aujourd'hui pour vous. J'y joins une copie de la lettre ministérielle en vous priant de *rédiger une réponse digne*... »

[1] *Le Théâtre des Chinois* tardait trop, selon moi, à voir le jour.

XVI

« Le 10 octobre 1885.

« Merci mille fois pour la lettre dont j'enverrai aujourd'hui même la copie. Elle est très bien. »

XVII

« Le 22 novembre 1886.

« Nous n'avons plus de compte avec l'éditeur, sauf le nouveau tirage. Quant à ma dette de reconnaissance personnelle, je ne pourrai vous la payer au fur et à mesure et avec le temps.

« Votre tout dévoué,

« TCHENG. »

XVIII

« Paris, le 13 septembre 1887.

« Mon cher ami,

« Je vous envoie la liste des tirages telle que je viens de la recevoir de l'éditeur. Vous y verrez qu'il n'y a pas de compte depuis la dernière remise que je vous ai faite l'année dernière.

. . . .

« Toujours à vous *malgré vous*.

Signé: « TCHENG. »

Et la liste des tirages, la voici :

« Paris, le 13 septembre 1887.

CALMANN-LÉVY
ÉDITEUR
3, rue Auber, 3.

« *Théâtre des Chinois.* — 1er tirage à 2,000. — 1re, 2e et 3e éditions.

15 janvier 1886.

Chinois peints par eux-mêmes. — 1er tirage à 2,000. — 1re à 3e éditions.

30 juin 1884.

2e tirage à 1,500. — 4e à 6e éditions.

4 juillet 1884.

3e tirage à 1,500. — 7e à 9e éditions.

1er septembre 1884.

4e tirage à 1,000. — 10e et 11e éditions.

19 mars 1886. »

Que reste-t-il maintenant des belles déclarations de M. Tcheng-Ki-Tong?

VIII

Je réunis dans ce volume plusieurs chapitres détachés d'études diverses que j'avais primitivement destinées à mon pseudonyme, et qu'il eût spontanément signées pour la plus grande gloire de son parisianisme, comme il a du reste signé les quelques rares publications qui ont paru sous son nom depuis que je l'ai abandonné.

Tcheng-Ki-Tong ne me pardonnerait pas de ne pas faire remarquer à mes lecteurs que de mon départ de la Légation de Chine date l'évolution littéraire qui a donné naissance à sa deuxième incarnation. Il existe un Tcheng-Ki-Tong n° 2 dont on trouve le nom sur la couverture d'un livre de *Contes Chinois*, traduction et adaptation des plus médiocres de nouvelles chinoises très appréciées dans la langue des lettrés de l'Empire Jaune. Je n'ai plus, depuis mon divorce avec mon pseudonyme, à me préoccuper des créations de son deuxième esprit. Je laisse donc à mon remplaçant la renommée des *Contes Chinois*[1].

J'ai choisi parmi les études qui complètent ce volume, celles qui continuent le genre que j'avais adopté dans mes *Chinois peints par eux-mêmes*. Le *Temps* avait été assez aimable pour découvrir que Voltaire et Montesquieu, l'un pour son ironie, l'autre pour sa profondeur, avaient favorisé mes

[1] Ce n'est pas sans surprise que j'ai lu dans les diverses critiques qui accueillirent cette polémique que cet ouvrage m'était précisément reproché comme n'excusant pas mes « prétentions ». Un très spirituel journaliste, M. Maurras, exerça même sa verve à mes dépens en faisant, d'une part, l'éloge des *Chinois peints par eux-mêmes* et du *Théâtre des Chinois*, mais en me présentant d'autre part comme un piètre écrivain, du chef des *Contes Chinois*.
Que M. Maurras se rassure; l'auteur des *Contes Chinois* est un anonyme très discret qui ne se fera pas connaître. Ce n'est pas moi, et je m'en vante.

premiers essais; peut-être aurai-je eu la même bonne fortune dans ceux qui auront suivi.

De ces études la plupart ont été écrites à Berlin, en 1885, surtout celles qui se rapportent à l'Allemagne.

J'ai conté ce que j'ai vu; j'ai dit mes impressions réelles, en Tcheng-Ki-Tong consciencieux qui aime son Paris et rien que son Paris, et pour donner une excuse à ma prose j'ai imaginé que j'écrivais à mon petit frère chinois resté là-bas, au pays des bonzes et des poussahs.

Le lecteur trouvera dans cette revue d'œuvres inédites du mandarin quelques-unes des conférences que j'avais faites pour Tcheng-Ki-Tong et que je l'avais autorisé à lire : car, il y a eu un Tcheng-Ki-Tong orateur, comme aussi un Tcheng-Ki-Tong poète, tournant le madrigal avec grâce. Il devait y avoir encore un Tcheng-Ki-Tong auteur; mais mon départ a détruit ces beaux rêves d'ambition. C'est une perte regrettable, sans doute, pour le répertoire de la Comédie-Française.

L'étude qui porte le titre de *Blancs et Jaunes* ne devait pas primitivement paraître sous le nom de Tcheng-Ki-Tong. Elle eût donc été une œuvre anonyme du mandarin, et l'on se convaincra, à lire cette confession publique d'un Jaune, qu'elle ne pouvait paraître que sous le masque de l'incognito.

Enfin, je termine par une oraison funèbre, celle

du regretté Prosper Giquel. Je revendique l'honneur d'avoir écrit cette page à la mémoire d'un homme qui a honoré l'influence française en Chine, et que les boulets de Foutchéou ont tué.

FOUCAULT DE MONDION.

L'ARTICLE DU « FIGARO ILLUSTRÉ »

COMMENT ON DEVIENT PARISIEN

J'ai lu, je ne sais ou, que le nommé *On*, — *On* est un être indéfini qui existe partout et dont il est permis de médire à volonté, — demanda à Victor Hugo, si « c'était bien difficile de faire des vers ». C'est une question si naturelle ! Le poète répondit avec sa bonhomie ordinaire, que « c'était très facile ou impossible ».

Comme je ne suis pas poète, si ce n'est en chinois, je suis bien obligé d'admettre l'opinion de celui qui fut le plus grand des poètes modernes de l'Occident. J'avoue même modestement que je suis de son avis.

Par une singulière coïncidence, on m'a demandé comment j'étais devenu Parisien, et si « c'était bien difficile de le devenir ». Parisien ! Un titre qui n'a de rapport qu'avec l'esprit, assurément ; car je ne suis pas « né natif » de Paris, étant de Foutchéou, ma patrie ! Cependant cette question fort imprévue m'a été adressée et m'a donné à réfléchir. J'ai médité le « to be or not to be »....

4.

Comme le titre de « parisien » est en somme une de ces rares faveurs qui ne s'achètent pas, et que c'est un droit de noblesse ou de bourgeoisie de l'esprit, il peut appartenir à tout homme de la race, sans que cet homme ait à rougir de son clocher ou de sa pagode. Je veux bien être « parisien » et je le suis, puisque les journaux l'ont proclamé; mais à une condition : c'est que le « être parisien » soit très facile ou impossible.

Il semblerait dès lors qu'il soit presque décourageant d'expliquer comment on devient Parisien, puisque c'est si facile. Si l'on naît Parisien, même en Chine, même ailleurs, même à Paris, et que sans plus de peine qu'il en coûte d'être venu au monde, on possède réunis en soi toutes les qualités et tous les défauts qui constituent le naturel parisien, il est inutile de développer le sujet, informez-vous auprès de la bonne aimable fée qui dispense les privilèges; celle-là seule pourra vous répondre.

Le parisianisme est un parfum, un arome, un bouquet. On le sent, on le goûte, on le respire; mais on ne l'invente pas, on ne le crée pas. Ce n'est pas un article, quoiqu'il existe dans l'article de Paris, un de ses favoris. C'est — je ne sais pas quoi vraiment — mais c'est quelque chose qui saute aux yeux lorsque l'esprit a ces yeux-là. Vous savez lesquels ou vous ne le savez pas; ce qui est de plus excusable, puisqu'il y a le commun des mortels, immensément répandu, toujours commun et jamais mortel, sorte de phénix qui renaît de ses cendres pour la seule ambition de revivre, ce qui n'est pas une ambition suffisante pour le Parisien.

Le Parisien a une autre passion bien plus sublime et bien plus immortelle : il lui faut le « *nec mergitur* » qui est sa formule la plus expressive et la plus profonde ; il flotte et il n'est pas submergé ; c'est le comble de l'art parisien et c'est ma devise aussi.

Vous devenez parisien sans le savoir, parce que vous l'étiez. C'est la dignité cardinalice de l'esprit « in petto ». Vous recevez un beau jour un avis très mystérieux pour affaire qui vous concerne et vous découvrez sans surprise qu'il vous est échu un héritage superbe, des titres d'une noblesse authentique. Parisien ! C'était cependant vrai, et vous ne vous en doutiez pas.

Etre parisien n'est pas seulement faire de l'esprit, c'est en avoir sans en faire. Le mérite n'est pas ordinaire. C'est surtout en avoir avec bonheur, c'est-à-dire à propos ; c'est ne pas l'épargner pour ses amis : car être ami jusqu'à l'esprit, c'est du parisianisme et du meilleur. Tous les Parisiens sont frères. Si j'étais empereur, je voudrais créer une académie dont ne pourraient faire partie que des Parisiens. On y verrait tous les humains épris de parisianisme, sans distinction de nations ni de races : la confraternité de l'esprit pour tout bagage, et pas de discours « qu'académique on nomme ». Ne serait-ce pas un beau projet ?

Le Parisien est un délicat qui trouve ce qu'il cherche. C'est un mineur heureux qui, d'un coup de plume, met à jour des filons inexplorés que d'autres — les autres — n'auraient jamais découverts à coups de pioches. Une simple caresse de la plume et voilà la mine à ciel ouvert, avec ses gisements précieux et ses veines métalliques brillantes. La dynamite eût été moins efficace.

Le Parisien est un réaliste, après le rêve entrevu ; il aime le mirage, si le mirage annonce l'oasis espéré. La vision ne l'enchante pas toute seule ; il lui manque toujours l'original. Pygmalion a eu le pouvoir d'animer le marbre sculpté par son rêve. Qu'importe que Galatée n'ait pas compris sa passion et lui ait été infidèle ? C'était un Parisien et elle... peut-être une Parisienne ! Je n'ose l'affirmer pourtant, puiqu'elle n'était pas fille d'Eve.

Le Parisien est un sage qui fait des folies ; un raisonnable qui peut commettre toutes les fautes qu'il avoue — pas les autres.

Il est imparfait et s'en vante, ayant éprouvé qu'il n'y a que les imparfaits de parfaits et les faibles de forts. Les oppositions et les contrastes le ravissent : c'est sa fantaisie et son droit.

Les Danaïdes ont abandonné leur service autour

du fameux tonneau depuis que les contes charmants de la mythologie ont été assimilés aux fausses nouvelles. Les Parisiens les ont galamment remplacées. Ils jettent dans cet abîme sans fond tous les trésors de leur âme, de leur cœur et de leur esprit — mais le tonneau est toujours vide. Ils espèrent cependant le combler un jour. O sainte folie! C'est du parisianisme, le plus élevé, le plus humain qui soit au monde. Partout il y a de ces êtres qui tentent l'impossible, le seul but vraiment logique à atteindre. La foule a beau leur crier casse-cou; ils n'écoutent rien. Ils ne répondent qu'à un seul appel; celui qu'ils entendent en eux-mêmes, où vibrent tous les échos de la nature humaine inspirée par une puissance créatrice. Cela est Parisien !

Paris a donné son nom à cette exquise propriété qui est devenue le symbole de l'esprit. Comme on a dit Athénien, on dit Parisien. Ni Sparte, ni Rome n'eurent le même privilège. La raison n'est pas facile à découvrir. Pourquoi le Château-Laffitte et le Chambertin sont-ils si délicieux? Pourquoi le thé du Fo-Kien est-il meilleur que celui du Yun-Nan ?

La nature a ses caprices et ses préférences; le soleil et la brise ont pour certaines expositions des tendresses de lion. Gloire aux privilégiés! Ce sont des heureux, sans brevet d'invention.

Un Parisien qui n'était pas de Paris, car il était allemand de naissance, a dit qu'à Paris on pouvait se passer de bonheur. Voilà une vraie pensée toute embaumée de parisine; je la dédie à tous les esprits libres qui rêvent aux frontières sans limites et aux civilisations délicates. Se passer de bonheur! N'est-ce pas la plus charmante manière d'être heureux? Et c'est à Paris que cette recette fleurit! N'avais-je pas raison de prétendre que c'est un clos privilégié?

Comment on peut devenir Parisien — dans le cas où c'est impossible — vous semblera maintenant très clair, car vous sentez quelles sont les hauteurs de vues de ce libéral esprit. Appliquez, *quand même*, à la direction de vos pensées, le principe de l'aérostation; jetez du lest, déplacez autant de volumes d'air que vous pourrez, et montez, montez toujours. Alors Paris s'idéalise et devient le Tout-Paris. Tous les bruits de la terre se transforment en une harmonie légère et fraîche qu'on pourrait définir la langue des esprits. Elargissez donc les espaces; il ne reste dans le souvenir délivré enfin de l'obsession des foules fâcheuses que des ondes, semblables à des vagues imperceptibles qui jettent le duvet de leur neigeuse écume sur le rivage tendre et fin de nos sensations... Rien de heurté, rien de brusque : la paix et une gaieté qui s'épanche, dans le sentiment réfléchi de l'existence de soi et de l'immortalité de la pensée. Jetez du lest! Et Paris deviendra le Tout-Paris *selected*, cette Cosmopolis ciselée comme un portail gothique, et dont font partie tous les peuples de l'univers. « Mon pays, c'est l'Intelligence ! » a dit un grand poète oublié.

Donc tout homme qui veut devenir Parisien, qu'il se fasse naturaliser citoyen de ce grand pays « l'Intelligence », et il existe, ce pays.

LE CARACTÈRE FRANÇAIS

JUGÉ PAR

LE MANDARIN

On a beaucoup écrit sur la France et sur les Français. Mais qui pourrait se vanter d'avoir exprimé une opinion définitive? Voit-on le Français tel qu'il est, à la surface, on parle de ses défauts. Pénètre-t-on au fond de lui-même, on lui découvre des qualités supérieures. C'est le seul peuple de la terre qui gagne à être connu. Son ambition consiste, en effet, à paraître ce qu'il n'est pas : c'est un taquin. Les autres peuples se laissent plus facilement approcher. Ils se pavoisent de toutes leurs perfections et se montrent réellement ce qu'ils sont. Il ne faut pas chercher à approfondir et ne pas désirer être trop curieux : on aurait des regrets.

On connaît immédiatement un Allemand et un Anglais. Le spécimen que vous observez est identique : ils se ressemblent tous. Rien ne ressemble plus aux Anglais qu'un Anglais, aux Allemands qu'un Allemand. Ils sont tous taillés sur le même patron.

En France, il faut observer beaucoup de Français pour connaître le Français — je t'assure que c'est très difficile, mais c'est une clinique très intéressante. — Voici du reste le stratagème que j'ai imaginé : j'ai écrit à toutes les personnes de ma connaissance une lettre ainsi conçue :

« Cher Monsieur,

« La bienveillance avec laquelle vous m'avez accueilli m'encourage à vous demander une faveur. Si vous me la refusez, je n'en garderai nul ressentiment ; si vous me l'accordez, vous me causerez un grand plaisir. Je désirerais avoir quelques indications sur un sujet qui ne vous est sans doute pas étranger : la nature du caractère français. Je craindrais, en me fiant à mes seules observations, de me faire une opinion inexacte et, dans tous les cas, insuffisante. On m'a dit que les grands peintres avaient toujours réussi leurs portraits. Puis-je espérer, qu'imitant leur exemple, vous voudrez bien entreprendre la même tâche, la plume à la main, et me décrire, sinon vous-même — ce qui mettrait le comble à mes vœux, en dépit de la pensée de Socrate, — du moins votre plus proche semblable ? Quelle que soit votre réponse, je suis convaincu que vous voudrez bien excuser la hardiesse de cette démarche, en considération de son originalité et de l'intention qui l'inspire, celle de voir exprimer, par un esprit aussi distingué que le vôtre, les causes de la sympathie et de l'admiration que j'ai vouées au peuple français.

« Veuillez agréer, cher Monsieur, l'expression de mes sentiments reconnaissants. »

J'ai écrit une vingtaine de lettres toutes à peu près semblables ; je les ai adressées aux personnes que je soupçonnais être capables de me répondre d'une manière intelligente, et je les ai mises à la poste. J'ai reçu des réponses ! oui, j'ai reçu des réponses ! Cela t'intéresse ? et il y en a quelques-unes qui m'ont beaucoup plu. Je t'en envoie les copies : je garde les originaux qui sont de véritables « autographes ».

« Monsieur,

« Votre lettre est, sans aucun doute, originale : c'est pourquoi je me crois absolument obligé de répondre au désir qu'elle exprime. Il m'arrive, du reste, à son occasion un accident contre lequel je me croyais assuré : c'est d'éprouver un certain plaisir à faire cette réponse. Vous connaissez l'article du Code : toute lettre mérite réponse ? Mérite ! Voilà un euphémisme qui doit, Monsieur, vous faire apprécier le caractère français mieux que ne le feraient les plus beaux discours.

« Depuis soixante ans que je vis au milieu de mes compatriotes, c'est la première fois, je vous l'avoue sans honte, que je me préoccupe de savoir ce que je suis — ou ce que nous sommes. Y a-t-il une distinction entre ce *je* et ce *nous*, entre ce singulier et ce pluriel ? C'est un problème que vous pourriez désirer résoudre. Je vous assure que je serais charmé d'apprendre que mon voisin me ressemble en tous points, ou que je lui ressemble s'il est identiquement semblable au portrait que je me forme du citoyen français. Tout est nuance dans notre pays. Je viens d'écrire : le citoyen français : j'aurais pu dire le peuple français ou le Français tout court. Il m'arrive souvent de me demander si je n'ai pas changé de nationalité, lorsque je compare les modernes aux anciens ; et je me considère un peu comme un souvenir ou une théorie. Je crois, Monsieur, que le Français possède deux genres, le genre ancien et le genre moderne. Je suis du genre ancien, un « vieux style » ou un vieux. Ce Français-là, cet ex-Français, je ne crois pas qu'il vous serait très intéressant de faire sa connaissance, car il aime ce qu'on n'aime plus ; il croit encore qu'il y a ici bas quelque chose de plus haut que l'intérêt personnel, et il ne rend pas à la liberté un culte fantaisiste qui ne sied qu'aux profanes. Il a pour la France un dévouement dont il voudrait remplir tous les devoirs, et regrette son impuissance. Cette légèreté si à la mode n'a pour lui que des défauts ; cet esprit tant vanté n'est à ses yeux que caprice : cette valeur elle-même qui va à la mort pour aller à la gloire languit comme la vie dans un corps phtysique ; toutes ces ardeurs généreuses qui rendent le nom Français si attrayant se consument en fumée, et les meilleurs d'entre nous en sont réduits à se dénigrer eux-mêmes, à se trouver des défauts, et à s'excuser de n'être pas aussi bons qu'ils le sont réellement : — il n'y a que les méchantes langues aujourd'hui qui disent du bien d'elles-mêmes — ce sont des médisants,

« Pourtant, Monsieur, la France reste encore aux Français ; même, et surtout, cette partie de la France qui est là-bas en exil, expiant les fautes des contemporains ; et tant que le nom de France résonnera aux oreilles de mes « pays » comme une fanfare vengeresse, les appelant au travail pour les former au combat, et les faire se ruer un jour prochain sur les frontières, au secours des victimes, j'excuserai les médisants. Mais, je ne me rallierai aux modernes — et de quel cœur ! — que lorsqu'ils m'auront rendu mon ancienne France. Jusque-là je les boude.

« Toute la grandeur du caractère français réside

dans sa fidélité. Est-il fidèle? Oh! alors je vous autorise à dire tout le bien que vous imaginerez; il aura toutes les perfections, celles que vous nommerez et celles que vous ne nommerez pas. Est-il au contraire infidèle? il est capable de toutes les infidélités. Fixez-vous sur ce « criterium ». Interrogez parmi les modernes, les fidèles : ce sont les seuls Français.

« Vous comptiez peut-être, Monsieur, sur une réponse plus méthodique; mais le moment n'est pas très favorable. Que ne m'ayez-vous adressé la même demande il y a quarante ans! Consolons-nous en attendant l'avenir. Le Français a d'excellents antécédents; il appartient à une famille très honorable... Bon chien chasse de race, dit le vieux proverbe, et les proverbes sont toujours vrais; n'est-ce pas, monsieur?

« Merci de m'avoir excité à cette confiance. Je suis tout à vous. »

J'ai donné le n° 1 à cette lettre; elle m'a paru si noble, si française, qu'elle m'a ravi.

Le patriotisme est, en effet, la seule vertu nécessaire d'un peuple, et je suis tout à fait de l'avis de mon spirituel correspondant, c'est que le peuple Français a tout ce qu'il convient pour n'avoir que les défauts... de ses qualités. Il ne faut pas être trop exigeant.

Voici une autre lettre reçue par le même courrier.

« Cher monsieur,

« Vous m'avez dit, dans un des récents entretiens que nous avons eus ensemble, que vous lisiez fréquemment Voltaire, un des maîtres de notre langue. Je vous en ai vivement félicité : car il n'y a pas d'écrivain plus Français. Voulez-vous avoir l'obligeance d'ouvrir votre *Charles XII*, au livre II, vous trouverez le passage suivant : « Le Roi quitta alors sa frégate pour s'aller mettre dans la première chaloupe, à la tête de ses Gardes. L'ambassadeur de France était alors auprès de lui. « Monsieur l'ambassadeur, lui dit-il, vous n'avez rien « à démêler avec les Danois ; vous n'irez pas plus « loin, s'il vous plaît. — Sire, lui répondit le comte « de Guiscard, le Roi mon maître m'a ordonné de « résider auprès de Votre Majesté ; je me flatte « que vous ne me chasserez pas aujourd'hui de « votre cour qui n'a jamais été si brillante. » En disant ces paroles il donna la main au Roi qui sauta dans la chaloupe où le comte de Piper et l'ambassadeur entrèrent. »

« Voilà, mon cher monsieur, un digne représentant du caractère français, et un exemple qui peut servir de thème à la discussion à laquelle vous m'invitez si agréablement à prendre part. Le Français est chevaleresque dans la bravoure, et recherche, par goût, ce qui anoblit, de préférence à ce qui est utile. C'est l'origine de ses nombreux défauts qui tous sont greffés sur les meilleurs sujets. C'est ainsi que dans les Lettres il estimera avant tout l'esprit, comme le parfum dans les fleurs. Vous savez que cela porte quelquefois à la tête. Mais il lui importe peu : il agit le moins possible par principes, et il déteste le bon sens.

« Charles XII parlait le langage de la raison même : qu'avait-il à démêler avec les Danois l'ambassadeur de France ? Mais l'ambassadeur de France trouvait que jamais la cour du roi de Suède n'avait été si brillante, malgré une grêle de mousquetades, ajoute plus loin Voltaire : et il accompagna le roi, comme s'il se fût agi de le suivre à l'ouverture d'un bal.

« Voltaire qui raconte cette anecdote ne la fait suivre d'aucuns commentaires : il s'en est bien gardé : c'est la chose la plus naturelle du monde. Avouez cependant que voilà un courtisan bien « déraisonnable ».

« Pascal a écrit une pensée qui éclaire admirablement le caractère français, quand il a dit : « Le cœur a des raisons que la raison n'a pas. » Voilà une excentricité française ; je crois que mes compatriotes ne s'en corrigeront jamais. Le cœur est chez nous l'adversaire de la raison. Un homme d'esprit à défini le Parisien : bon cœur ; mauvaise tête ! Et cette boutade était juste. Oui nous avons mauvaise tête ; nous avons des emportements passionnés ; nous courons à toute vitesse aux conclusions hâtives ; nous aimons les éblouissements. Mais le cœur reste sain ; il ne se gâte pas. C'est notre boussole au milieu des plus grandes tempêtes.

Le « juste milieu » n'a pas chez nous de partisans convaincus : nous voyons généralement les extrêmes des choses. Un Marat révèle une Charlotte Corday, qu'un grand poète a appelée l'Ange de l'assassinat. Voilà des non sens qui appartiennent à la logique française, une logique qui bataille contre la raison, sans jamais se décourager. Nous aimons à l'excès toutes les folies, qu'elles qu'en soient les conséquences, pourvu qu'elles soient généreuses et qu'elles trahissent un mouvement d'indépendance de l'âme. Cela est français.

« Le Français est un imparfait et il s'en vante ; il hait par nature tout ce qui sent l'homme-système, l'homme - fabriqué, l'homme - breveté. L'Anglais flegmatique et tout d'une pièce, qui ressemble plutôt à un automate qu'à un homme, lui est profondément antipathique : c'est un parfait. Ce qu'il dit à vingt ans, il le dira à quarante et à soixante : il est fixé. Il s'est administré une dose de formules britanniquement préparées, et il en sentira l'effet jusqu'à son dernier verre de gin. Il a des imperméables pour toutes les émotions; des tickets d'assurance contre tous les accidents. Il s'est agencé de manière à ne déranger jamais ni ses habitudes, ni ses principes. Il est remonté toute sa vie durant : ce qui arrive a été prévu.

« Le Français est bien différent ! Amateur d'imprévu, il aime même les déceptions, à la condition qu'elles soient bien inattendues ; les coups de foudre lui plaisent ; il adore les parvenus — les princes de l'imprévu. Nous sommes un peu semblables à ces coquettes qui aiment à se rajeunir, pour avoir les passions de l'âge qu'elles n'ont plus. Le motif est excusable, si la flamme est encore dans le cœur : ne le pensez-vous pas ?

« Vous rappelez-vous la fable du tonneau des Danaïdes, un tonneau qui ne s'emplit jamais ? La Mythologie qui est parfois assez « farceuse » a imaginé l'exercice que vous savez et qui consiste à remplir le tonneau. Eh bien, les Français me paraissent être l'objet d'une mystification quelque peu semblable. Ils sont comdamnés à « piocher » le progrès éternellement sans jamais y atteindre — Le progrès forcé à perpétuité — et ils sont là, tous, réunis autour du tonneau qu'ils ont beau remplir de tous les trésors de leur esprit, de leurs chefs-d'œuvre, de leurs efforts, de leurs générosités : le tonneau est toujours vide. On ne sait pas où passe tout ce qu'ils jettent dans cet abîme. Vous imaginez-vous la somme des travaux accomplis par les Français depuis un siècle? Il n'y paraît rien cependant ; il faut toujours recommencer. Les Allemands sont plus heureux : ils amassent tout et gardent tout. Ils disent que leur tonneau est bientôt plein : je le crois sans peine. Mais il y ont mis trop de pièces de « cent sous » : il défoncera.

« Voilà, mon cher Monsieur, quelques indications bien incomplètes. Vous n'aurez pas de peine à reconnaître que ce n'est qu'une esquisse ébauchée. Mais vous avez un bon pinceau; vous achèverez les contours et vous terminerez le portrait.

Je vous prie seulement d'être indulgent et d'accorder à mes compatriotes le bénéfice des circonstances atténuantes.

« Bien à vous, cher Monsieur. »

Cette lettre m'a mis en bonne humeur. L'idée du tonneau est vraiment trouvée : me voilà du coup réconcilié avec la mythologie, et avec les Danaïdes, puisque ce sont des Françaises, spirituelles par conséquent et jolies. J'irai les aider à remplir le tonneau.

Je n'ai pas besoin de te dire que c'est un moderne qui a signé cette lettre, un Parisien charmant que l'Académie a récemment nommé immortel, aux applaudissements du public. Je t'envoie quelques-uns de ses ouvrages par ce courrier : ils te plairont sans nul doute. Sous une forme légère il traite les plus graves sujets ; il fait sourire et pénètre en même temps la pensée ; il a parfois de l'ironie ; mais elle est presque imperceptible ; il serait désolé d'être un philosophe : il l'est sans le savoir, la meilleure manière pour un homme du monde de s'excuser d'être savant.

Veux-tu de la science, de la vraie science, je puis t'en offrir ? Je me suis efforcé de réunir tous les genres : du léger nous allons passer au grave, et tu ne t'en plaindras pas. Voici en effet une lettre qui porte le cachet de l'Institut de France, Inscriptions et Belles-Lettres. Salue !

« Cher monsieur,

« Votre question est très embarrassante. J'ai ouvert beaucoup de livres à votre intention, et je n'ai rien trouvé qui puisse répondre à votre désir. Ce que vous demandez est, en réalité, une synthèse très complexe qui embrasse de nouveaux genres : elle sollicite une recherche délicate et minutieuse de caractères semblables dans une série de variétés dissemblables. Je pensais que ce travail avait déjà été fait par un de mes vénérés collègues de l'Institut ; j'ai cherché dans les archives ; j'ai interrogé un de mes savants amis très versé dans les statistiques, et à ma grande surprise, j'ai dû me convaincre que la synthèse du caractère français n'avait pas été traitée. C'est une lacune regrettable pour l'éthnologie de l'intelligence humaine.

« Vous n'ignorez pas, cher Monsieur, que le Français considéré dans son type est un « com- « posé ». S'il était possible de remonter pour chacun de nous un certain nombre de générations, nous constaterions avec stupeur de quels éléments hétérogènes nous sommes formés, quelles influences multiples ont donné naissance à ces propriétés spéciales qui constituent nos mœurs, dans le sens scientifique de ce mot. Nous ne possédons pas l'unité d'origine « théorique », comme elle se manifeste dans votre pays, par exemple, où une même race s'est maintenue dans sa pureté primitive, pendant une longue suite de siècles, et où par suite il s'est formé un caractère fixe. Dans un tel groupe, il est possible d'analyser exactement des habitudes morales, d'en déterminer la valeur, et de les classer. Rien de semblable assurément ne pourrait être obtenu dans notre société. Il y a une race chinoise, ou tout au moins elle est une branche d'une famille primitive, mais il n'y a pas une famille française constituée en unité et se perpétuant dans une voie traditionnelle. Il est seulement permis d'inférer que le caractère Français devra admettre des oppositions, ce que nous nommons des rivalités de tendances, et qu'il les révélera dans ses actes.

« De l'ancienne famille Gallique il a conservé un amour inné pour le sol, et la fierté noble dans le malheur. C'est dans l'adversité que ces « inclinations » se développent et produisent toutes leurs variétés les plus excellentes : la patience, la sobriété, la conscience du devoir, l'esprit de sacrifice, l'obéissance passive, la foi. Ce sont les « réserves » de l'Esprit national.

« Les Romains, ou l'élément latin, n'ont pas détruit cette admirable nature de l'antique famille gallique; mais ils ont laissé dans notre caractère des activités inverses qui font partie de nos qualités inférieures. Dans le Français il y a l'Italien et le Celte, c'est-à-dire deux rivalités jalouses que l'élément germanique même n'a pu mettre d'accord. L'une est l'imagination et l'autre la raison, et selon que la folle du logis l'emporte ou non sur le bon sens, le caractère français s'abaisse ou se grandit. Il est bon de remarquer que la tribu franque ne vint se fixer en Gaule que longtemps après les Romains, et il faut se rappeler aussi que ceux-ci n'étaient pour les Gaulois que des envahisseurs. L'héroïque Vercingétorix vivait alors dans tous les souvenirs. La lutte des tendances a donc été vive, et dure encore chez beaucoup d'entre nous, où c'est tantôt l'Italien qui illumine, tantôt le Celte qui réfléchit. Il y a beaucoup d'Italiens, voire même d'Espagnols — il faut l'avouer — parmi nos Français. Ceux-là vous chanteront à toute heure de jour un poème épique de leur composition, dans lequel la France s'appelle la Reine de la Gloire; ils vous raconteront toutes les prouesses de leurs... descendants, les futures victoires. Dans le vieux temps il était de mode de se vanter de ses ancêtres, quand on le pouvait; aujourd'hui on couronne de lauriers... les petits-fils. Cela dispense de se gêner : c'est le patriotisme commode qui se célèbre en vers, en discours, en processions, en banquets, et en acclamations. Il vous arrivera très souvent d'entendre ces coryphées de l'avenir : ne leur ménagez pas la raillerie. Il est seulement regrettable qu'ils soient les pères de leurs enfants.

« D'autres, au contraire, vous parleront des difficultés de l'heure présente, des efforts qu'il faut réaliser, et s'ils ont des espérances d'avenir, ils n'en parlent pas; ils sont discrets sur leurs futurs exploits : la surprise n'en sera que plus agréable. Ceux-là ce sont les Celtes qui estiment qu'il faut d'abord tuer l'ours avant de vendre sa peau; et, quand il leur arrive de faire l'Italien, ce n'est pas avant, mais après la victoire. Oh! alors, le Celte s'en donne à cœur que veux-tu! Toutes les rivalités font la paix ce jour-là; l'Italien retrouve de la raison, le Celte de l'enthousiasme, c'est une fête que le caractère Français.

« Je vous souhaite, cher Monsieur, de l'étudier sous ces traits. Je laisse de côté bien des influences qui ont apporté aussi des tendances très caractérisées; mais il n'est pas possible de faire entrer dans le cadre d'une lettre mille détails qui se rapportent à tous les événements dont notre histoire fourmille. Si vous le voulez bien, venez demain me prendre à l'Institut, après notre séance. Le temps est très beau; nous irons nous promener, et nous causerons. De cette manière — toute française — je pourrai vous indiquer une méthode exacte à laquelle nous donnerons, en m'aidant des ressources de votre charmant esprit, une forme plus séduisante.

« A demain, mon cher savant! »

Je te dirai plus tard quelle a été ma conversation avec ce très aimable membre de l'Institut qui est non seulement un érudit, mais aussi un patriote. Il m'a donné une très haute opinion de son caractère.

J'ai reçu des réponses à « toutes » les lettres que j'avais envoyées; elles m'ont toutes fait aimer le caractère français. Que veux-tu que je te dise? Tout le monde les critique : on les accuse d'être les auteurs de tous les maux qui pèsent sur l'humanité; il semble que leur cause ne soit pas plaidable.

Je ne puis m'empêcher de les trouver très sympathiques, et je ne me défends pas d'être « de mon avis » sur un sujet aussi dangereux. Il faut aimer la France quand même, dût-on avoir à se plaindre des Français : car c'est sans contredit la seule nation où un étranger puisse éprouver qu'il est agréable de faire partie de la race humaine.

Je n'ai pas épuisé mon courrier. J'ai encore deux lettres à te faire lire, je t'en envoie les copies sans commentaires, car je n'ai que le temps de fermer cette volumineuse correspondance. Tu feras toi-même tes réflexions et tu me les écriras.

Voici la première de ces lettres.

« Monsieur,

« Les Allemands ont les Universités, les brasseries et la choucroute ; les Italiens le macaroni ; les Espagnols les courses de taureaux et les Bourbons d'Espagne; les Anglais ont John Bull et la liberté; les Français ont la mode et les modes.

« Voilà diverses formules caractéristiques qui servent à définir, à la manière des caricatures, l'esprit d'une nation. En règle générale, une « charge » est toujours juste : elle représente les petitesses en grandeur naturelle et fait ressortir ce que précisément on tient à ne pas montrer. Un portrait qui aurait les audaces d'une caricature serait une injure; mais une caricature, quoique ce soit réellement un portrait, a le don de faire rire et personne n'a le droit de se fâcher. Ce sont des contradictions qu'il n'est pas aisé de justifier.

« Si vous pouvez définir la mode, vous définirez en même temps le caractère Français. La France est la patrie de la mode, des modes et des Français. Il n'y a de Français qu'en France. Ce sont des principes absolus.

« Il y a longtemps que nos auteurs satiriques nous ont représentés sous ces traits. Les satiriques sont les seuls qui aient quelque autorité pour dépeindre un caractère. Ils ont la perspicacité habile des bossus, et mieux que les savants font ressortir tous les petits dessous si utiles à connaître ; ils ont la vocation de dire vrai, — par esprit de contradiction. Lisez Montesquieu, il vous instruira merveilleusement, et ce qu'il dit de ses contemporains se rapporte exactement aux nôtres. Le Français pourrait se passer de ses qualités, — il l'a souvent prouvé — mais de ses défauts, jamais ! Il y tient par-dessus tout. Voici quelques passages que je prends au hasard dans l'œuvre de Montesquieu : « Je trouve les caprices de la mode, chez « les Français, étonnants. Ils ont oublié comment « ils étaient habillés cet été ; ils ignorent encore plus « comment ils le seront cet hiver ; mais surtout on « ne saurait croire combien il en coûte à un mari « pour mettre sa femme à la mode ».

« Voilà une citation que vous croiriez extraite d'une Chronique parisienne, elle a cependant cent cinquante années de date. Je cite encore : « Il n'y « a point de pays au monde où la fortune soit si « inconstante que dans celui-ci. Il arrive tous les dix « ans des révolutions qui précipitent le riche dans la « misère, et enlèvent le pauvre avec des ailes rapides « au comble des richesses. » La coupable, c'est la mode, une capricieuse qui s'attaque aux petits et aux grands, qui ne laisse rien en repos, et qui, semblable au fier sicambre, brûle ce qu'elle a adoré et adore ce qu'elle a brûlé. Elle bouleverse les institutions les plus sages, et travestit les meilleures coutumes. Les opinions d'aujourd'hui combattent celles d'hier sans la moindre excuse. Rien ne tient, tout vacille, tout chancelle, et soudain se retransforme. On s'attend à la fin du monde et un monde nouveau se reconstitue, brillant de toutes les fraîcheurs de la jeunesse. La veille on faisait son testament ; le lendemain on se distribue des sacs de dragées.

« Ne cherchez pas à définir le caractère français : vous n'y arriveriez pas. Il est de l'essence femme ou papillon. Vous croyez le saisir, il vous échappe : vous courez après lui, il s'envole. Mais essayez de le séduire, alors il s'arrêtera ; et si vous avez de l'esprit, si votre inspiration est grande, il vous écoutera. Proposez-lui des folies, des impossibilités, il vous suivra aveuglément jusqu'au bout du monde, et se fera esclave pour mieux servir celui qu'il aura élevé sur le pavoi. Le Français a de l'enthousiasme jusque dans la servitude ; le mot est bien fort, mais il peint ma pensée. Les constitutions les plus parfaites le laissent complètement insensible : mais nommez lui un Charles XII ou un Bonaparte, il abandonnera tout pour courir les aventures où se plaisent les héros.

« Tel est, Monsieur, le fond de notre caractère. Vous m'avez demandé de le décrire d'après l'opinion que je me fais de moi-même : je n'éprouve pas de honte à vous dire que j'ai suivi votre conseil. Comme nous disons dans notre « argot », j'adore par instinct tout ce qui « emballe » : j'ai une passion ardente pour toutes les émotions qui nous font mépriser le terre à terre et nous montrent des horizons derrière lesquels se dresse l'inconnu ; j'aime à l'excès tous les voyages, toutes les explorations, mais je déteste les colonies. Voulez-vous encore un dernier mot? Le meilleur gouvernement est... ah ! vous ne devinerez jamais ! — celui que nous n'avons pas ; et le plus exécrable est celui qui existe. En politique c'est là mon opinion.

« Veuillez, monsieur, excuser toutes ces hardiesses. Je serais désolé qu'il vous fût impossible de me croire sur parole ; je ne me suis pas vanté. Je n'ai dit que la vérité, rien que la vérité !

« Agréez, Monsieur, mes meilleurs compliments. »

Et maintenant voici la dernière.

« Cher ami,

« J'ai reçu votre communication : elle est très amusante. Comment vous ne nous connaissez pas encore? Pas possible! Il n'y a rien d'impossible dans la question. Si j'étais « un hors concours » je vous accuserais volontiers de vouloir collectionner des autographes; mais je n'ai malheureusement par le grade d'homme célèbre. Ce sera tant pis pour vous.

« Il faut cependant que je vous trouve un « caractère français » qui soit français. C'est bien facile, il me semble, de le définir : il est d'abord français, vous comprenez. Ensuite il y a le caractère qui fait quelquefois défaut; vous sentez cela. Quand il y a alliance entre ces deux mots, caractère et Français, alors la définition est complète. Le mot caractère doit être pris adjectivement. Si le Français est « caractère », tout est pour le mieux dans le meilleur des mondes; mais si c'est le caractère qui est français, je ne réponds plus de rien. Avez-vous compris? Non? Vous m'étonnez! Tenez, prenez une bouteille de champagne, vous voulez bien? — Il y a champagne et champagne, comme il y a Français et Français. Je suppose sans peine que vous avez une première marque. Voyez comme elle paye de mine! une carte blanche sans prétention, et à la tête, une mince feuille d'or artistement travaillée, sous laquelle se dissimulent deux fils de fer qui ressemblent à des barreaux de prison. Attention! Voici le libérateur qui arrive, il est armé d'une pince cruelle; il déchire, il tord, il coupe, il fait bien mal. Enfin, l'opération est finie. Il y a en ce moment un calme solennel, semblable à celui qui précède les grandes tempêtes. Une bonne marque, une fois les chaînes tombées, ne se fait pas prier : le bouchon s'élève avec une noblesse imposante; on dirait une majesté qui se découvre devant quelqu'un de plus grand. Subitement il éclate, comme une bombarde, et le vin pétillant, doux et fort, s'épanche en un flot de dentelles dans la coupe de cristal qu'il colore d'une teinte vermeille éblouissante. Ah! le bon vin! Il dissipe les tristesses et donne du cœur. C'est de l'esprit de France, et du meilleur, qui coule dans les veines; il n'agite pas, il donne du ton; il n'échauffe pas, il réchauffe. Il rend l'homme plus homme, l'âme plus fière, le courage plus prompt, la générosité moins intéressée.

« Toutes les marques ne se ressemblent pas, mon cher ami. Cela dépend de bien des choses. Il en est — c'est désolant — qui se font attendre. Alors, vous le dirai-je, on les prend par la taille et on leur tape sur le fond. Cette correction est presque toujours décisive : le bouchon part. C'était un récalcitrant. Ces marques-là ne sont pas les plus mauvaises, un peu de froid dans la résolution ; mais une fois lancées, elles s'emportent et vont jusqu'au bout. Hélas ! il en est qui résistent audacieusement ; vous avez beau leur taper où vous savez, rien ne vient, rien ne bouge. Alors on y met les doigts, on pousse à droite, on pousse à gauche, le bouchon est toujours impassible. Allons ! encore un petit coup de pouce : il va partir... non, il tombe bêtement, sans la moindre fanfare. L'âme n'y était plus. C'est un vin tombé, ou de mauvais sang. Cela se voit souvent, et il faut bien se défier ! Car ces marques-là ont de superbes étiquettes, portant armes, couronnes et devises, comme les hautes têtes. Il n'y a qu'au bouchon qu'on les reconnaît.

« Donc, mon cher ami, étudiez le bouchon. Ne soyez pas trop enthousiaste cependant. Le champagne grise, même quand il est bon. Méditez la parole du sage : *Ne quid nimis!* et si vous parvenez à la mettre en pratique, vous posséderez une qualité « di primo cartello » qui résume toutes celles que nous n'avons pas. Mais nous avons toutes les autres. Est-ce clair ?

« Je n'ai pas l'intention de vous faire un traité.

Je m'aperçois que je cite du latin et je m'empresse de vous serrer la main, à la française, c'est-à-dire toute la main, cordialement. »

A SAINT-DENIS!

NOUVELLE

PAR LE MANDARIN

J'ai été hier à Saint-Denis, pour être sûr de ne pas rencontrer de Parisien. C'était dimanche ; le jour officiel du repos, à en croire les prescriptions sacrées ; et, comme chacun définit son repos à sa fantaisie, je me suis octroyé la propriété entière de ce jour-là ; être seul, c'est mon état de repos. Il est assez difficile de réaliser ce souhait ; car, si l'on reste chez soi, on est envahi, à moins de se cacher, ce qui serait attenter à sa liberté ; et si l'on sort, on est rencontré et pris.

J'ai trouvé par bonheur Saint-Denis, au nord de Paris ; une cité aussi éloignée du faubourg Saint-Honoré que peut l'être Pékin. En une demi-heure cependant le chemin de fer vous transporte dans cette lointaine bourgade qui fait partie, assurent les géographes, du département de la Seine, et qu'on appelle, je crois, Saint-Denis en France, pour mémoire. On prend son ticket d'aller et retour à la gare du Nord. Quelques voyageurs à peine s'aventurent sur cette ligne : pas une figure de Parisien sur le quai du départ; vous êtes seul, bien seul. On part. Le train lui-même a de la peine à se mettre en marche. Peut-on aller à Saint-Denis ! La ligne s'engage entre deux rangées d'usines d'où sortent les clameurs rouges de la forge; les hautes cheminées qui les dominent sont si nombreuses qu'on se croirait en pleine forêt, la forêt de Macbeth. Puis de grands murs noirs au-dessus desquels se hissent des maisons à six étages; encore des usines, des fabriques, puis les fortifications. Voici enfin la verdure des champs dans une vaste plaine inondée de soleil. Sur la terrasse des remparts, un peuple de toute sortes de gens : c'est le bois de Boulogne de l'ouvrier. Les enfants en troupe agitent leurs mouchoirs et saluent de leurs adieux bruyants — une envolée de cris — le train qui s'en va... à Saint-Denis. Montmartre, le mont des Martyrs, dresse sur ma gauche son pic hérissé de maisons neuves, et au loin dans la plaine coule le grand fleuve qui revient de Paris, en flânant, après un long détour aux rives fleuries où se mirent les palais des riches. Il va lui aussi à Saint-Denis.

Le train marche à toute vitesse. La montagne diminue, les maisons deviennent rares. Paris est bientôt à l'horizon. Nous ne sommes pas encore arrivés. Une plaine immense de tous côtés, monotone, triste. Le long de la voie, des cimetières ; puis des champs à l'aspect désolé, d'où montent des parfums... audacieux. On entend un grand bruit de portières qui se ferment : c'est nécessaire.

Le train s'arrête cependant. Sommes-nous à Saint-Denis ? dis-je à un employé.

— Oh ! non, Monsieur, pas encore.

Je reprends ma place, et me laisse aller à une douce somnolence. Je crois même que j'ai dormi ; car, j'entends tout à coup résonner à mes oreilles un bruit qui me réveille en sursaut : Saint-Denis ! Saint-Denis ! Je m'élance bien vite. Instinctivement je cherche mon bulletin de bagages ; mais je me rappelle maintenant que je suis parti avec ma canne. Combien de temps a duré mon sommeil. Oh ! il me semble, si longtemps ! si longtemps ! Il n'y a cependant qu'une demi-heure que je suis parti. Est-ce que je rêve ? Enfin je suis à Saint-Denis, et il n'est que 2 heures. Me voici donc en province, en France, dans une sous-préfecture ! Je vais au hasard, droit devant moi. Une grande rue, la Grand'Rue disent les indigènes, large, mal pavée, boueuse, bordée de maisons chétives, et tout le monde dehors, *sur la porte*. Mon aspect étranger fait pousser à tout ce peuple des cris de sauvages. On sent que je ne suis pas de Saint-Denis. C'est un Parisien, crie-t-on ! Les enfants et les chiens jappent jusque dans mes jambes et font un bruit assourdissant. En un instant tout le peuple est aux fenêtres, les commères s'interpellent, les estaminets se vident : tout Saint-Denis est sur la rue, et les enfants crient toujours : « Parisien ! Parisien ! » Tu penses si j'étais stupéfait. Mais où suis-je? Est-ce que je rêve? Soudain, j'aperçois à l'extrémité d'une rue un grand monument, sombre, délabré, une masse énorme, un géant de pierre. Tiens ! suis-je chez les Cyclopes? Je me dirige vers cette apparition. Le vide se fait peu à peu autour de moi, on m'abandonne ; je me retrouve enfin seul. Derrière moi j'entends encore un tumulte de voix confuses, puis le bruit cesse. Je ne vois plus rien. Un silence profond règne autour de moi. J'entends seulement mes pas résonner sur le pavé. L'herbe pousse au milieu de la place où je me suis arrêté, en face du grand monument mystérieux. Malgré moi je me sens ému. Est-ce un temple abandonné? Est-ce une prison ?...

J'aperçois, par bonheur, un pauvre vieillard qui marche difficilement en s'appuyant sur son bâton, la tête penchée vers le sol. Je me dirige vers lui ; « Mon brave homme, lui dis-je, pourriez-vous me dire comment s'appelle ce monument? » Le vieillard s'arrêta, releva lentement sa tête blanche, et, me fixant attentivement, il se découvrit avec un air de respect qui me fit tressaillir : « Ce monument, mon bon monsieur, c'est l'Abbaye de Saint-Denis, le Mausolée des Rois de France. » Puis il s'éloigna, murmurant tout bas des paroles que je n'entendis pas... La tombe des Rois de France! Là, dans ce temple ? Ces portes tout usées par le temps se sont ouvertes devant les cercueils de ces rois si puissants? C'est ici qu'ils sont venus dormir leur dernier sommeil? Ces rois dont la Cour fut si fastueuse, ces rois sont là?

Je poussai la porte, et j'entrai.

Oh ! quelle splendeur ! quelle merveille ! tu ne peux pas t'imaginer l'impression que produit la majesté d'un temple ancien ! Les hommes qui ont élevé ces cathédrales ont exprimé une sublime pensée qui se communique instantanément à l'âme, et dont elle est transportée. Figure-toi des masses géantes de pierre, sortant de terre, qui se réunissent en arceaux, semblables à des arbres énormes dont on aurait plié les cimes pour les faire se rejoindre dans une étreinte fraternelle.

Partout où il se pose, le regard n'est arrêté nulle part; il voltige le long des ogives gracieuses, tournoie dans les rosaces multicolores, plonge dans des foyers d'ombre qui semblent impénétrables, puis s'élève jusqu'à la voûte, un firmament idéal parsemé d'étoiles brillantes, où il se répand comme sur un océan sans bornes. Il y a là un enchantement de la vue qui a été créé par une volonté d'artiste et qui participe d'une inspiration surhumaine. Ces architectes pourraient s'appeler les artistes de la Foi : car ils l'idéalisent, et nos peuples adoreraient de telles merveilles : le temple de Dieu paraîtrait Dieu lui-même. Je n'exagère pas : j'ai senti là le charme d'une vérité entrevue ; qu'elle soit poétique ou religieuse, je ne l'examine pas; mais c'était une vérité, et j'ai subi pendant cet instant d'indicibles sensations que je n'étais plus en état de diriger, de quelque scepticisme que je me fûsse raidi.

Les tombes des rois et des reines remplissent la vaste enceinte. C'est le musée des Souverains comprenant toute la suite des Rois, depuis le premier jusqu'au dernier, depuis le berceau jusqu'à la tombe de la monarchie française. Je parcours à pas lents toutes ces rangées de sépulcres. Ci-gît Louis XIV ! Je crois entendre la voix de l'orateur : Dieu seul est grand. Ici Henri IV, un sourire sur les lèvres ; là François Ier et la reine Claude, couchés sous un baldaquin renaissance découpé comme une dentelle. La mort rend fidèle. Plus loin Charles VII qui semble implorer le pardon d'une lâcheté. Près de lui, Louis XI, roi de France, qui ne put pas tromper la mort. Plus loin encore, les premiers Capétiens, les usurpateurs du trône ; puis les rois de la seconde race, princes sans gloire : je cherche en vain Charlemagne.

Tous ces grands de la terre sont entourés de leurs capitaines et de leurs ministres. C'est ici vraiment la cour la plus imposante qui soit nulle part, si l'on considère la majesté de toutes les couronnes. Et cependant je suis seul à errer dans cette nécropole, où sommeillent tant de grandeurs. Pas une fleur ne sourit sur ces marbres glacés, pas une seule aumône du souvenir ne tombe sur ces cendres. Rien ne vit, rien ne pleure, rien ne prie. La solitude et l'oubli ont établi ici leur empire.

Comme je méditais ces tristes réflexions, me laissant gagner par la mélancolie de ce spectacle, j'entendis tout à coup retentir les premières notes d'un chant d'orgue, graves et lentes. Ce n'était d'abord qu'un chant timide et plaintif, semblable à un chœur, mais d'une tristesse infinie. Peu à peu, les sons devinrent plus éclatants ; on les entendait sortir de leurs registres, les uns après les autres, enflant leurs voix, et s'élancer en cortège dans le vaste édifice qu'ils remplirent bientôt d'une clameur immense, mêlée de gémissements et de sanglots. Puis l'hymne s'arrêta ; et, lorsque les derniers soupirs de l'écho eurent expiré dans le sombre éloignement des voûtes, un chœur angélique de voix d'enfants s'éleva dans le silence, pures comme une prière et douces comme une brise. Des voix graves accompagnaient ce chant de douleur qui se termina par une oraison psalmodiée et un « amen ».

Un gardien qui passait à ce moment m'apprit qu'on venait de chanter le « De Profondis » des rois de France. L'Eglise n'a pas oublié ceux qui furent ses fils aînés, et elle prie, chaque dimanche à trois heures, pour leurs royales misères.

Je sortis de ce temple, l'esprit diversement agité. Je revins à Paris, dans le grand tumulte des modernes, et rencontrai sur les boulevards le comte de X... dont les ancêtres allèrent aux croisades.

—Eh bien, cher, me dit-il, vous n'étiez donc pas aux courses ?

— Non, je reviens de St-Denis.

— De St-Denis ? ou çà, St-Denis ?

— Mais à l'abbaye des Rois de France.

— Connais pas !

. . . .

. . . .

LA QUESTION SOCIALE

ENTREVUE

PAR LE MANDARIN

Quand on pénètre dans la question sociale, ce cauchemar de l'Occident, et qu'on étudie curieusement tous les systèmes proposés pour en faciliter les solutions paisibles, on les trouve admirables. Les difficultés sont précisées nettement; tout est clairement énoncé; il semblerait qu'il n'y eût plus qu'à appliquer le remède prescrit pour obtenir la guérison. Cependant l'expérience est en défaut. Il s'agit, vois-tu, de faire naître l'amitié entre deux adversaires que l'intérêt et la nécessité sont parvenus jusqu'ici à tenir en respect. Que ces deux puissances s'accordent, elles assurent la prospérité d'une nation; qu'elles soient au contraire en hostilité, elles menacent l'existence même de la nation. Ce sont des vérités de conséquence qui sont lumineuses comme le soleil.

Mais il arrive ceci : c'est que, unissant leurs moyens, le riche et l'artisan ne réalisent pas les mêmes profits. Le riche non seulement conserve son patrimoine, mais il l'accroît; il s'enrichit. L'artisan, au contraire, ne trouve dans son alliance avec le riche que le pain de chaque jour; mais il n'a pas l'espoir de s'enrichir; il se tue pour vivre. Voilà ce qui cause les mécontentements et les lassitudes des classes inférieures. Il faut bien reconnaître qu'il est excessif d'être obligé, pour vivre, d'enrichir son voisin. La loi inexorable du travail se justifie par ses résultats, qui tendent à la conservation de la vie; mais que les efforts du travail soient proportionnés, non plus aux exigences de la vie, mais aux ambitions de la richesse, et qu'ils procurent des avantages dont on ne recevra aucune part; qu'on soit, avec la certitude d'un avenir sans espoir, l'artisan du bonheur d'autrui, c'est s'imposer une sorte d'héroïsme qui ne peut pas être librement accepté.

Cette situation que je t'expose en ces quelques mots est la plaie de l'Occident : une plaie envenimée par les passions politiques qui menacent de devenir toujours plus violentes, je veux dire plus basses.

J'en suis arrivé à me demander si ce ne sont pas précisément les questions politiques qui ont brouillé entre eux les riches et les artisans, et si en voulant émanciper le monde on n'a pas détruit un équilibre sagement combiné.

L'erreur manifeste des modernes est d'avoir voulu faire participer les classes non privilégiées aux œuvres de la politique. Je ne crois pas aux mouvements populaires *politiques*. Que les grands s'agitent pour des questions de gouvernement, cela se conçoit : ce sont seulement les questions qui peuvent les intéresser et les passionner. Mais le peuple n'a que faire de ces questions, et il l'a bien prouvé. Le 14 Juillet, cette date qu'il faut inscrire en lettres d'or dans le livre d'or de la nation française, n'est pas l'anniversaire d'un mouvement politique; elle rappelle la ruine de la Bastille, rien de plus.

Démolir la Bastille, c'était décréter, par raison d'utilité sociale, l'inviolabilité de la liberté individuelle : une sorte d'expropriation du ministère des abus publics. Les démolisseurs ont brisé les chaînes qui retenaient captives la Justice et l'Humanité, et inauguré par cet acte de vengeance juste le règne de l'ordre sur la terre. Nous pouvons parler savamment des révolutions; notre histoire en fournit des exemples nombreux : mais certainement malgré la vanité que nous pourrions retirer de ce mérite — n'est pas un peuple révolutionnaire qui veut — nous n'avons dans nos annales aucun exploit qui puisse être comparé au 14 juillet 1789. C'est le chef-d'œuvre des révolutions par sa spontanéité et par ses conséquences. Qu'y a-t-il donc de plus noble, de plus généreux, de plus humainement grand que d'ouvrir les portes de son cachot au prisonnier innocent et de lui rendre sa liberté? Qu'y a-t-il de plus haut dans le monde que de proclamer cette sublime vérité : l'homme qui s'acquitte de ses devoirs envers la société a le droit d'être libre? Je ne connais pas d'épopée plus éblouissante dans toute l'histoire de l'humanité, et c'est la France qui en a la gloire, une gloire immortelle qui défie tous les triomphes éphémères du génie des batailles.

Je te dois cependant toutes mes impressions, et il faut que tu saches que ce grand événement n'a pas encore conquis complètement l'opinion, en France. Voilà bientôt un siècle qu'il s'est produit. Il existe des personnes qui ne voient dans le 14 Juillet qu'une émeute sanglante dont les auteurs auraient dû être arrêtés, traduits en cour d'assises, condamnés pour crimes prévus par les lois, et exécutés. Il est des gens pour lesquels Révolution française est synonyme de fléau. Ils ne se doutent pas que le bien-être dont ils jouissent, la vie élégante et facile qu'ils mènent, les merveilles des sciences et des arts qu'ils admirent, l'aisance même à laquelle ils doivent les superfluités de l'existence, sont des cadeaux de cette affreuse Révolution française tant honnie, et que sans elle le monde en serait encore peut-être au 13 juillet 1789. Ils ne savent donc pas que les plus grands esprits qui ont livré généreusement les secrets de leur génie et tous les efforts de leurs travaux sont sortis des rangs inférieurs du peuple, jusqu'alors méprisé et tenu en bas par le bon plaisir des courtisans et de leurs courtisanes, et qu'il était exceptionnel d'arriver au rang que décerne le talent par le talent seul. La Révolution française est une œuvre providentielle qui a fait faire à l'humanité un pas en avant sur le chemin de la justice et de l'égalité. Certes, la tourmente qui a précédé et qui a suivi ce grand épisode de l'histoire des hommes a été terriblement agitée; aux abus du despotisme d'une Cour corrompue ont succédé les orgies sanglantes d'une plèbe exaltée. Mais c'est dans l'ordre. Si « le bon plaisir » a eu ses caprices et ses excès, la vengeance populaire a eu aussi son bon plaisir. Les révolutions sont des batailles, et il n'y a pas de victoire sans morts et blessés. Les plus belles victoires sont les plus sanglantes, parce qu'elles témoignent de la valeur des combattants; ainsi en est-il des révolutions : les plus grandes sont les plus violentes, parce qu'elles témoignent de la violence des représailles et de la grandeur du but. Les Révolutions sont les coups d'Etat de la justice divine.

Pour les uns, donc, la Révolution française est un fétiche; pour les autres, un épouvantail. Les uns et les autres me paraissent exagérés dans leur appréciation. Une révolution est un fait historique dont on accepte les conséquences, mais qu'on ne discute pas. Si on discute le principe de liberté, évidemment on ne l'admet pas. Il faudrait trop de générosité pour admettre un tel principe et le décréter; c'est au-dessus des forces humaines... des grands. C'est pourquoi il a été conquis par la violence, la seule forme possible du gouvernement populaire. Chacun fait la guerre comme il peut.

Cette guerre qui a eu pour mobile la conquête de droits légitimes, n'a pas eu dans le principe l'importance *politique* qu'on lui attribue. Les apôtres de la Révolution n'étaient pas des politiques ; ils réclamaient la part de soleil à laquelle tout le monde a droit en ce monde, et il suffisait de la leur donner pour faire la paix. Mais on la refuse : la lutte s'engage, on tue, on massacre, on pille, au nom de la liberté. Il faut quand même que la Révolution triomphe. L'Europe entière conspire contre l'esprit nouveau ; elle arme toutes ses forces et les jette contre la France. Mais la partie n'est pas égale : il n'y a pas de force contre la Révolution vivante. Elle s'élance comme un ouragan et renverse tout sur son passage ; partout elle triomphe, elle sonne dans ses clairons le réveil de l'humanité. Il s'agissait bien de politique !

Ce ne sont pas les fils de la Révolution qui ont créé « la politique » : ce sont ses détracteurs et ses envieux. La Révolution n'a visé que les actes d'un gouvernement et non le gouvernement. Son idéal est essentiellement la constitution d'une force gouvernementale assez puissante pour qu'elle protège la liberté de chacun de ses sujets. En fait, le principe de liberté n'est à défendre qu'en faveur des faibles. Qui donc prendra leur cause si ce n'est l'Etat? et pour suffire à l'honneur il faut bien qu'il soit le plus fort!

Mais chez les modernes on est parvenu à se créer une idée tellement folâtre du gouvernement, que moins un gouvernement a de liberté d'action, plus on le prétend parfait. La politique n'a pas d'autres fonctions que d'arracher lambeau par lambeau, toutes les forces du pouvoir. Et cela se comprend. Elle n'est en réalité qu'une despotique oligarchie qui désorganise la puissance de l'Etat à son profit, pour neutraliser son influence sociale et rendre impersonnelles les responsabilités. Elle joue le rôle des Maires du Palais vis-à-vis des premiers rois de la monarchie française; elle réédite toutes les ruses des Syaugouns contre la puissance des anciens Mikados. Lorsque la politique aura résolu entièrement le problème de rendre l'Etat insensible ou indifférent, les gouvernements absolus paraîtront des merveilles, et il faudra encore une révolution pour sabrer les politiques.

Ces réflexions qui naissent de l'examen attentif

des circonstances conduisent à ce résultat que le meilleur moyen d'assurer dans notre empire le règne de la liberté, c'est d'assurer le gouvernement contre les tentatives des despotes; et il n'y a pas de despotes que ceux qui en ont l'air! tous les hommes sont à craindre. Un peuple qui a l'honneur d'être libre doit être bien dirigé. Il faut lui apprendre à être libre : et, à ce que je vois, c'est un enseignement très difficile. Il faut que les leçons soient données par des maîtres.

Je voudrais qu'on remplaçât l'ancienne formule : Noblesse oblige! par cette autre : Liberté oblige! et que nos peuples comprissent cette vérité.

Ayons le courage d'adjurer notre sage empereur de n'abandonner aucune de ses prérogatives qui touchent au pouvoir et qu'il réfléchisse que ce ne sont pas les réformes seulement qui font les peuples heureux, mais les empereurs puissants : qu'un peuple n'est libre que sous l'autorité des lois, et que ces lois ne sont respectées que si le chef de l'Etat est lui-même respecté ; qu'enfin le souverain n'est respecté que s'il est puissant. Ce sont des axiomes de la raison humaine dont il était bien inutile d'aller chercher la démonstration. Mais les gouvernements de l'Europe les confirment absolument, et c'est une leçon qu'il faut retenir. Si nous devions jamais l'apprendre à nos dépens elle nous coûterait cher !

BLANCS ET JAUNES

I

ÉTUDE SUR LA CHINE CONTEMPORAINE

Péking le... 1886

. . . .

. . . .

. . . .

D'après les nouvelles que je lis dans vos journaux, je vois qu'on exagère beaucoup l'importance du rôle politique que sont appelés à jouer nos modernes législateurs. Ils ont d'ailleurs des adversaires influents qui sauront se mettre en travers de leurs desseins s'ils avaient pour but, comme on paraît l'affirmer, de proposer au trône un remaniement des institutions de l'empire. La Chine n'est pas un tout homogène qui se prête à ces sortes d'expérience. Les provinces sont administrées par des vices-rois dont les privilèges sont pour ainsi dire constitutionnels; il ne faudrait pas les assimiler à vos préfets. Ils sont indépendants au point de vue administratif, et le trône n'a aucune force sur ces personnages, s'ils se conforment aux rites, et s'ils acquittent régulièrement les contributions qu'ils doivent payer à l'Etat. Ce sont les fermiers de la puissance impériale, des représentants de l'Empereur, honorés dans leur personne, par le peuple et les mandarins subalternes, comme s'ils avaient reçu une partie des dons célestes de notre divin Empereur. Comment l'Etat pourrait-il diminuer l'influence de ces personnages sans s'amoindrir lui-même? Comment oserait-il toucher, dans les provinces si difficiles à maintenir, à un principe mystérieux qui fait tout sa force et que le peuple respecte? Si nous détruisions cette foi dans le peuple, tous nos mandarins, jusqu'à l'Empereur, disparaîtraient, emportés par un de ces typhons que vous appelez une révolution. Nos gouvernants sont obligés à une grande prudence, et je m'étonne qu'en Occident on ne soit pas mieux instruit des conditions réelles de notre machine gouvernementale.

A croire vos impatients, nous devrions admettre et appliquer tous vos progrès : nous devrions nous « japoniser » comme nous disons. Mais il y a des impossibilités.

Prenons, par exemple, la question des chemins de fer que les Européens sont si désireux de nous voir résoudre ; elle a eu les honneurs de la curiosité ; nous avons, tous ceux d'entre nous qui avons été en Europe, raconté nos impressions sur cette manière de voyager rapidement. Mais la Chine est tellement populeuse et les provinces sont si différentes d'esprit, de mœurs, de langage, qu'il nous paraît peu nécessaire de leur donner la tentation des voyages. Nous avons, d'instinct, la conviction qu'il n'y a que les « mauvais génies » qui s'expatrient. L'honnête homme reste au logis, il cultive le champ que cultivaient ses pères; ses yeux contemplent le même horizon; le sol, le toit enfumé et ridé par le temps, la maison où tous les membres de la famille ont vu le jour et se sont éteints pour devenir immortels, toutes ces choses, animées par les traditions, ont des influences que nous respectons, que nous aimons. Les maisons neuves sont muettes et laissent libres les « mauvais génies ». Que voulez-vous? ce sont des idées peu modernes, mais nous y tenons. Pourquoi changer les idées? Or, de tous les torts que nous reconnaissons à ces chemins de fer, si merveilleusement commodes pour les voyages, il n'en est pas de plus fort que celui-là : ils changeront les idées. Les esprits les plus libéraux, en Chine, ne croient pas que ce soit prudent. Vos expériences ne nous séduisent pas : car vous n'avez pas organisé la paix, qui est pour nous la seule expression logique du progrès.

Supposez donc, mon cher ami, que les Anglais, que les Français, que les Allemands, que les

Russes puissent venir dans notre Chine en dix jours ! Tout ce qu'il y a de « mauvais génies » en Europe accourra chez nous ; nous serons envahis. Les quarante jours de mer, et quelquefois de mal de mer, qui nous séparent de l'Extrême-Occident, sont considérés par nous comme une providentielle quarantaine. Nous regrettons le temps des navires à voiles : il fallait six mois pour accomplir le voyage. On ne parlait pas de réformes, alors. C'était le bon temps. Les steamers ont tout gâté. Que serait-ce si les chemins de fer aboutissaient à Pékin ? Voilà comment nous déraisonnons.

Certainement il y aura des essais : car la Chine a plus d'esprit que d'habileté. Par esprit, elle cédera aux tentations de cette nymphe que nous appelons « Si » et que vous appelez l'Europe ; nous ferons des chemins de fer « d'intérêt local », mais des grandes lignes de communication ? jamais ! C'est contraire à nos règlements.

La politique est un mot ambitieux qui convient peu à nos modestes calculs : nous voulons vivre, à la chinoise, c'est toute notre ambition. Si nous pouvions, en restant Chinois, surmonter certaines difficultés qui nous troublent ; si nous avions le moyen de satisfaire tous nos voisins ; si nous trouvions la politique qui mettrait ces voisins d'accord et nous les rendrait moins exigeants, moins tyranniques ; si nous arrivions à ces résultats, combien nous nous estimerions heureux ! Nous n'avons qu'un but, la paix. Or, nous ne l'avons ni dans l'empire ni sur nos frontières. La révolte, le pillage, la guerre sévissent partout. Nous armons nos rivages contre des dangers bien hypothétiques, je crois : car, l'Europe n'a ni le temps ni le goût de nous trouver des *casus belli*. Que manque-t-il pour consolider l'avenir? une seule chose : la confiance réciproque.

La politique ne doit avoir qu'un seul objectif : créer la confiance. Je crois qu'elle ne saurait en méditer un plus habile. Je ne pousse pas le pessimisme jusqu'à penser qu'un pareil objectif soit irréalisable, parce que tout résultat qui correspond à un progrès est accessible. C'est une vérité que nos cours de morale nous enseignent ; nous croyons à la fatalité du mieux ; nous attendons le temps nécessaire pour que ce mieux s'opère, — nous attendons aussi longtemps qu'il ne s'opère pas — mais un jour vient où le progrès espéré s'accomplit. En théorie donc, notre philosophie nous invite à admettre le résultat, quand ce résultat est attendu. Entre temps nous travaillons de toutes nos forces à aider au succès final, avec d'autant plus de courage que nous croyons au succès. Tout se réduit pour nous à une question de temps, et nous ne sommes pas pressés.

Notre politique ou nos politiques, si nous avons les mêmes ambitions, consisteraient à organiser un régime de confiance réciproque capable de rassurer les esprits et de faire croire à quelque chose de durable. Il s'agit de savoir si ce régime peut être constitué, s'il possède des éléments.

Il y a un fait très précis : c'est que l'Extrême-Occident et l'Extrême-Orient sont séparés par les théories : ce sont deux humanités distinctes. L'une est la Terre et l'autre est la Lune. Rien ne serait plus aisé que de prendre un à un tous les principes naturels qui constituent nos deux races, et de les opposer. Il apparaîtrait que nous avons des aptitudes fixes, constitutives, essentiellement différentes; et en bon ethnologiste, il faudrait conclure que nous n'appartenons pas, à droite et à gauche du monde, à la même série de création. Sommes-nous moins parfaits ou plus parfaits que vous, c'est une situation que je n'examinerai pas, dans la crainte de me froisser personnellement, et d'ailleurs cet examen ne tendrait à aucune solution; à cet égard, il importe peu. Ce qui m'intéresse, au seul point de vue de nos rapports sociaux et politiques, c'est que nous sommes dissemblables.

Je vais prendre quelques exemples. Le plus frappant de tous éclate dans la manière absolument différente dont nous sentons la sensibilité, cette faculté de l'âme humaine, qui m'a paru supérieurement développée dans l'être occidental. Sous le rapport de la sensibilité, nous sommes distincts les uns des autres.

Toutes les perceptions morales qui ont leur source dans cette faculté, le sentiment, en général, la pitié, la commisération, la solidarité ou mieux la charité, l'amour dans toutes ses manifestations, et principalement l'amour maternel, tous ces états de la sensibilité nous sont inconnus ou indifférents. Nous ne les sentons pas, nous ne les vivons pas. Un seul sentiment domine nos affections, mais il les domine en tyran, c'est la piété filiale, une sorte de dette. Un père est un créancier implacable qui met en rapport tous les droits que lui donne la nature : ses enfants sont ses esclaves ; ils lui appartiennent. Quant à la mère, cette sublime créature qui aime, et dont on pourrait dire qu'elle a créé l'amour, nous ne la connaissons pas. Le sentiment maternel n'existe pas à ce degré dans le cœur de la femme chinoise devenue mère. Une femme n'est pour nous, à vrai dire, qu'une femelle. La fortune, le rang du mari, la situation de ses enfants peuvent lui attribuer des honneurs dont elle sera fière et qui la feront respecter des autres femmes d'un rang inférieur ; mais c'est pure affaire d'étiquette. Elle ne sera jamais une mère, vivant par le cœur, douée de cette tendresse indéfinissable qui surpasse toutes les passions les plus vantées, et que rien ne remplace. La femme chinoise vend ses enfants, couramment, au marché, comme une denrée; la femme chinoise abandonne ses enfants quand ils sont malingres, chétifs ou contrefaits ou même quand ils sont de trop. L'infanticide est une coutume, l'abandon un état ordinaire des mœurs de la famille ; sous ce rapport il y a un abîme entre vos mères et les nôtres.

Les lois sont impuissantes à réagir contre ces monstruosités. Combien d'édits sont restés lettre morte ! D'année en année ils reparaissent sur les murs des « Yamen », mais qui s'en soucie ? Est-ce un ordre du Fou-tai qui peut avoir la force d'inspirer l'amour maternel ? Est-ce une loi qui peut éclairer la raison dans le cœur d'une mère? De pareilles « mœurs » ne se corrigent pas ; si elles existent, elles subsistent. Elles appartiennent à une race. Nos mères abandonnent, comme les vôtres aiment et se dévouent. Leurs actions procèdent de deux manières différentes de comprendre et de sentir. Voilà, je crois, une observation psychologique fondamentale.

La passivité de l'être humain chinois est un caractère qui lui appartient. Ce n'est pas « la volonté », cette autre faculté de l'âme d'où dérivent la discussion, la liberté et le choix, faculté maîtresse, éclairée par l'intelligence et inspirée par la sensibilité. L'art de vouloir chez le Chinois, est l'art de ne pas vouloir ; il emploie toujours les facultés de son intelligence dans le sens négatif. Si, par exemple, il veut marquer son adhésion à un progrès, s'il veut ce progrès, il indiquera sa préférence en combattant le système opposé. L'esprit chinois ne voit pas « en face », il voit de côté comme la gent des lapins.

Cette passivité est entretenue par tous les procédés de l'éducation. Chez nous, l'esprit humain est contrefait, comme les pieds de nos femmes ; il ne peut courir hors des sentiers fixés par le magister. L'éducation consiste à paralyser la personnalité, à bourrer la mémoire d'articles invariables qui dessèchent l'imagination. Un homme instruit sait ce qu'il a appris, rien de plus. L'éducation comprise de cette façon ne crée aucune transformation de l'idée ; elle est basée sur des dogmes ; elle maintient l'être primitif chinois préhistorique dans son moule éternel ; elle fait des Chinois, mais non des hommes. Nous pouvons nous vanter d'être tous semblables, de raisonner tous de même, d'approuver tous ou de désapprouver tous les mêmes choses. Nous aurions un Parlement, nous ne pourrions pas créer une opposition ; nous serions toujours du même avis. Un Chinois ne dit jamais son opinion sur une question ; s'il était interrogé et prié de la donner, il croirait qu'on lui tend un piège ; il se déroberait. Il est passif : il ne veut pas, parce que vous voulez, et *vice versa*.

Une des formes les plus brillantes de la volonté est le courage. Cette haute vertu est inconnue aux Chinois ; nous avons même une formule toute faite qui nous garantit contre les tentations du courage. Aussitôt qu'un danger est en vue, disent nos premiers éducateurs, il faut tenir en bride la passion que nous pouvons avoir de braver ce danger ; il faut nous apaiser, nous « retrécir ». Ce mot vous plaira, il est la vraie traduction du conseil que nous nous donnons par l'expression : *siao sinn!* c'est-à-dire « rendre petit son cœur ». On ne s'imagine pas, en Occident, quels résultats produit une pareille éducation ! Chez vous, c'est à qui « grandira » le plus « son cœur » pour s'élever jusqu'à l' « honneur » ; chez nous, c'est à qui « rapetissera » le plus « son cœur », pour descendre jusqu'à... l'honneur aussi, mais le nôtre. Un chercheur découvrirait mille conséquences intéressantes au point de vue des différences ethnologiques ; il arriverait à classer ainsi les deux espèces et démontrerait que les Blancs et les Jaunes sont deux races d'hommes distinctes, n'ayant pas été créées le même jour. Comme nous prétendons être d'une très haute antiquité, et que vous prétendez, vous, être au contraire très récemment créés, un observateur impartial pourrait conclure que les « Blancs » forment une nouvelle édition, peut-être la dernière, *ne varietur*, revue et corrigée, de l'humanité.

Nous avons, dans nos vieux livres, des indications qui ne s'écartent pas trop de ces idées. Le créateur aurait d'abord fait les « Noirs », sa première ébauche ; puis les « Jaunes », puis les « Rouges » et enfin, en dernière analyse, les « Blancs ». L'ordre de création des divers types qui peuplent le monde aurait, selon nos auteurs, suivi les progrès de la lumière. Les Noirs ont été créés en pleine nuit ; les Jaunes, à l'aurore ; les Rouges, au matin, et les Blancs à la clarté du jour. C'est une théorie bâtie sur les rêves de nos philosophes ; mais elle a le mérite de se rapprocher de la vérité, ce qui n'est pas un mérite vulgaire pour une théorie.

Tous ces principes d'éducation, ou mieux de civilisation, ont leurs conséquences. Si le courage n'est pas entretenu ni « encouragé », le métier de soldat ne doit pas être en haute estime. C'est ce qui a lieu. Il est même méprisé, parce qu'il n'y a que les conséquences qui sont logiques chez nous. Nos armées ne sont recrutées que parmi les vagabonds, gens sans patrie et sans drapeau. « Avec de bon fer, disent nos maximes, on ne fait pas des clous ; avec des honnêtes gens on ne fait pas des soldats. » Chez nous les honnêtes gens ne sont pas faits du tout pour exercer leur courage. L'homme du monde médite et applique, en aspirant les parfums de sa tasse de thé, le *Siao Sinn* qu'ont médité et appliqué ses respectables ancêtres.

Je crois que sous ces divers points de vue j'ai suffisamment démontré que nous étions Jaunes. Je laisse de côté toutes les idées que nous avons sur la plupart des sujets qui touchent de près à la nature de l'homme blanc. Nous voyons différemment, nous ne comprenons pas assez ; nous avons des notions de tout, mais nous n'avons rien fini, rien perfectionné. Les mathématiques n'ont jamais été poursuivies au delà des éléments ; aucune science proprement dite n'a été étudiée par les Chinois. Nous avons cultivé les arts primitifs, la céramique par exemple, et certains travaux de patience qui ne participent en rien de l'art pur. Nous n'avons pas le génie de la perspective ; nos peintres, nos artistes n'ont pas pu arriver à représenter *un horizon*. C'est là peut-être un des traits les plus caractéristiques de notre esprit.

Je chercherais vainement une œuvre géniale par laquelle nous puissions marquer une supériorité, un progrès : même l'invention de la boussole ne nous a pas fait découvrir la politique coloniale. Nous n'avons pas l'esprit d'application. Si l'étranger n'avait pas abordé sur nos rivages, avec les chefs-d'œuvre de la civilisation occidentale, la Chine du XIXe siècle serait-elle différente aujourd'hui de la Chine du XIIe siècle? Aurait-elle fait un pas en avant? Certainement non; elle serait plus assoupie qu'au XIIe siècle, époque de révolutions et de troubles, pas plus avancée en civilisation. L'esprit ne trouve plus, n'invente plus, il a donné tout ce qu'il avait. Les Chinois d'autrefois ont tiré de leur cervelle tout ce qu'il y avait dedans, la race chinoise vit de ce fond, à la manière des castors et des abeilles, que leurs premiers ancêtres ont formés dans les habitudes qui les distinguent, sans qu'ils en changent jamais. Voilà réellement ce que nous sommes, des Jaunes, deuxième édition de la race humaine, ayant succédé aux noirs, ayant précédé les rouges et les blancs. Je ne peux pas supposer que par des procédés d'assimilation quelconques il soit possible d'élever les Jaunes au niveau des Blancs. Le Créateur a dû inscrire sur sa quatrième édition la formule accoutumée: « droits de « reproduction interdits. »

Plus tard, si je peux consacrer à ces lettres plus de temps, et si je me plais aussi à regarder de plus près dans ces questions d'aptitudes ethnologiques qui sont si intéressantes à étudier, je donnerai une plus grande étendue à ma pensée et plus de force à mes conclusions. Qu'il me suffise pour le moment de poser le principe, et d'affirmer que nos deux sociétés sont dissemblables; que nous sommes en tant que race, au-dessous des races occidentales.

Il est nécessaire de tenir compte de ces dissemblances si l'on veut aboutir, en politique, à des conclusions précises.

J'ai lu la plupart des livres qui parlent de la Chine ; je n'ai pas encore rencontré un auteur qui se soit placé à ce point de vue. J'ai lu des descriptions qui, certes, piquent la curiosité, qui l'excitent; car nos coutumes sont évidemment étonnantes pour l'Europe qui n'en a plus. Ce sont de vieilles médailles que l'on regarde un instant sous la vitrine, et l'instant d'après vous n'y pensez plus. Mais l'étude de notre race, au point de vue de ses facultés intellectuelles, cette étude-là je ne l'ai pas trouvée. Les œuvres du génie humain sont, en Occident, les chefs-d'œuvre de l'esprit humain. Aucun homme de génie, parmi les Jaunes, n'a jamais écrit une œuvre qui puisse mériter le titre de chef-d'œuvre de l'esprit humain. Il y manque précisément les qualités qui font défaut à l'esprit « jaune » ; il y manque l'indépendance de l'idée, l'élan et la force qui appartiennent à l'intelligence libre; il y manque le génie.

A-t-on recherché le pourquoi de ces étranges observations? A-t-on expliqué comment il se fait qu'une œuvre de génie, chez les Blancs, s'impose à l'humanité tout entière, et qu'une œuvre de génie, chez les Jaunes, ne s'impose qu'à la série jaune de l'humanité? A-t-on constaté, autrement qu'à titre de curiosité, que tous les arts qui s'inspirent d'une idée élevée, haute, grande, n'ont pas été cultivés en Chine? Avons-nous des génies-peintres qui aient représenté sur la face humaine les passions de son âme et les splendeurs de son intelligence? Avons-nous un Raphaël? Le sculpteur qui détache une pensée, une âme, d'un bloc de marbre, est-ce un artiste chinois? L'architecte qui bâtit les poèmes de son génie, est-ce un artiste chinois? Connaissons-nous ces sublimités? Ce sont des mondes inconnus pour nous, pauvres manœuvres, qui ne savons imiter que ce que voient nos yeux, et qui ne comprenons pas qu'il y ait des horizons au delà de la ligne blanche qui borne notre vue, au-dessus du nuage que pourchasse le vent, plus haut que l'étoile qui scintille ses mystérieux appels. L'idéal n'est pas notre affaire. Nous ferons des potiches très remarquables, des cloisonnés fort réussis ; nous trouverons, à force de patience, des procédés qui nous donneront de jolies nuances ; nous pourrons broder des coussins et des écrans et représenter tous les oiseaux de la nature, même les phénix qui me paraissent être les seules créations de notre esprit, nous n'arriverons qu'à occuper les yeux, jamais l'idée. Le sujet chinois n'est pas « artiste » : il ne l'a jamais été, il ne le sera jamais. Cela lui est interdit par l'ordre de l'éditeur. Notre seule consolation est de nous savoir supérieurs aux « Noirs », quoique nous ayons avec eux beaucoup plus de points de ressemblance que les Blancs n'en ont avec nous ; car, au-dessus des Jaunes il y a les Rouges qui constituent le troisième type auquel s'est appliqué le Créateur avant d'arriver au type définitif de plénitude des dons de l'intelligence, les Blancs. »

III

Un grand nombre parmi nous comprennent l'infériorité de la race jaune. Quoiqu'il soit, à tous égards, désagréable de se savoir atteint d'une maladie incurable, cependant le progrès obligatoire a été décrété, et nous avons confié à nos modernes législateurs la redoutable mission de réformer nos infirmités. La tâche est particulièrement ardue.

Ce sentiment que nous possédons de notre exacte situation dans la hiérarchie des êtres humains explique jusqu'à un certain point, selon moi, l'opinion que les Blancs ont de notre caractère. Nous sommes un peu de l'espèce des bossus que leur bosse rend malicieux et rusés. C'est une observation facile à faire : un bossu n'est jamais généreux vis-à-vis des défauts d'autrui ; il a des yeux de lynx pour découvrir les sottises et les faiblesses, et une langue de vipère pour les révéler. Malheur à qui s'attaque à sa bosse ! La riposte ne se fera pas attendre. Cette constante préoccupation qu'ils ont de se venger du ridicule dont la nature a chargé leurs épaules leur constitue un caractère. Une race qui pourrait sortir d'une souche de bossus serait certainement remarquable par sa malice et par sa ruse.

Placés en face des Blancs, les Jaunes sentent la distance qui les sépare ; ils comprennent qu'au point de vue de l'intelligence la lutte n'est pas possible. C'est pourquoi nous appelons à notre aide le vieux jeu de la ruse et de la duplicité, jeu que nous jouons quelquefois malgré nous, et dans lequel sans nous en douter, nous avons acquis de véritables talents. Je fais ces aveux en toute franchise, estimant qu'il vaut mieux expliquer pourquoi nous sommes perfides que de laisser croire que nous le sommes par nature et par goût.

Nous ne méritons pas cependant tous les adjectifs que l'Occident nous a décernés. Nous avons quelques qualités qu'il importe de connaître et dont il serait aisé de tirer parti. Nos actions procèdent, en général, d'une méthode ; celle-ci peut n'avoir pas de ressources très élevées ; mais elle n'est pas à accuser, parce que, encore une fois, nous sommes Jaunes. L'état des relations actuelles entre l'Occident et l'Orient serait tout autre si nous avions été Blancs. Voilà le principe exact qu'il faut admettre.

Les anciens mémoires qui relatent les premiers établissements d'étrangers occidentaux dans notre empire sont d'éloquents témoignages de la libéralité de nos mœurs. Les Arabes mahométans qui furent nos premiers hôtes n'éprouvèrent pas les vicissitudes qu'ont supportées plus tard les peuples de l'Europe; ils vinrent en Chine au VIIe et au VIIIe siècle, y vécurent sous la protection des lois de de l'Empire qu'ils ne songèrent pas à discréditer, et aujourd'hui les descendants de ces mahométans forment une colonie de plus de 20 millions d'hommes. Leurs coutumes étaient certes bien distinctes des nôtres ; ils n'avaient ni nos idées ni nos croyances. Ils ont réussi à maintenir leur race, leur religion, leurs idées. Ils existent dans l'Etat par le seul effet de l'hospitalité, et ils ont bénificié de tous les privilèges parce qu'ils ont compris notre civilisation. Ils n'ont pas cessé cependant d'être considérés comme étrangers; ils ne sont pas chinois.

C'est une remarque bien singulière : ces arabes ont précisément employé, pour obtenir le droit de demeurer en Chine, des moyens qui se trouvent être en contradiction absolue avec ceux dont se sont servis, dix siècles plus tard, les Européens. On peut opposer la conduite de ceux-ci aux procédés de ceux-là, et conclure d'une manière intéressante en faveur d'un sytème dont nos gouvernants ne se sont jamais départis. Ils ont toléré les Arabes parce qu'ils remplissaient les conditions qu'ils exigent des étrangers, conditions qui ne varieront jamais, qui ont été toujours les mêmes; et ils n'ont pas toléré les Européens, du moins ils ont protesté, et ils protestent encore contre leur présence en Chine, parce qu'ils ne se sont pas soumis aux mêmes conditions. Ces habitudes de notre politique qui se maintiennent identiques à elles-mêmes, en dépit des siècles qui usent et rongent tout, paraitront bien étonnantes; ce despotisme de la routine semblera bien peu intelligent, dans notre temps où les nouveautés seules prétendent imposer leurs lois; mais il faut constater des faits, et ce n'est pas ma faute s'ils existent.

Les mahométans n'ont demandé que le droit de vivre, de travailler et de commercer. Ils n'ont fait aucune propagande en faveur de leur religion, qu'ils n'ont admise *que pour eux*. Ils ont eu l'habileté de respecter la loi et les usages de l'Empire, mettant tous leurs soins à ne blesser aucune susceptibilité, admettant toutes les superstitions, se conduisant en toutes choses dans leurs rapports avec les autorités du pays comme s'ils étaient chinois. Leurs mosquées ne dépassent pas les autres temples, et ils ont supprimé le minaret.

Voilà quels ont été les secrets de leur succès; ils sont empruntés à une méthode qui réussit presque toujours ; elle procède elle-même d'un principe élevé dont nous avons à un suprême degré l'intuition : la modération, c'est-à-dire le respect de la liberté d'autrui. Les modérés auront éternellement gain de cause en Chine, parce qu'ils correspondent d'une manière directe à un sentiment qui est dans les mœurs. Les violents soulèveront toujours des violences et n'exciteront que des haines, même après la paix. Une paix imposée n'est qu'une trêve.

Les mahométans qui inaugurèrent chez nous la politique coloniale l'appliquèrent en vrais libéraux. Ils ont offert leurs services à l'Etat qui s'empressa de les accepter, comme plus tard il acceptera ceux des Jésuites. Ils obtinrent des emplois, s'installèrent dans les villes, et peu à peu ils se répandirent dans toutes les provinces où, actuellement encore, ils sont connus comme mahométans. A Péking où ils comptent environ une centaine de mille, ils habitent en communauté, vivant exclusivement entre eux. Un grand nombre de ces Arabes exercent le commerce et il est facile de les reconnaître au « croissant » qui surmonte l'enseigne de leurs magasins. Vous voyez que les souvenirs ne se perdent pas chez nous ; ils se conservent. Ce croissant n'a pas gêné notre dragon qui ne demande qu'à vivre en paix, et selon ses goûts ; il n'a pas non plus gêné la Lune pour laquelle nous avons une prédilection marquée. Nous avons vécu, mahométans et Chinois, respectant mutuellement nos usages et nos idées, en bons voisins ; et les nouveaux venus n'ayant jamais donné lieu à aucune plainte, n'ayant jamais été molestés, n'ont pas eu besoin de prendre les conseils de la diplomatie pour vivre en paix, s'établir à leur gré, acquérir des biens, obtenir des faveurs, exercer tous les devoirs de leur religion ; ils sont aujourd'hui 20 millions de sujets de Mahomet, qui lisent le Coran, la plupart dans le texte arabe ; ils ont leurs mosquées ; et j'étonnerai sans doute vos compatriotes, si je vous dis que près du palais de notre Empereur se trouve une de ces mosquées, élevée en l'honneur d'une impératrice *mahométane* que Kien-long épousa en 1735. Voilà des faits, ce me semble, qui prouvent que les étrangers peuvent s'entendre avec nous, sans qu'il soit nécessaire d'employer la force et de conclure les traités ambitieusement qualifiés d'amitié et de paix.

Je vous ai dit que la modération était une disposition naturelle de notre caractère. Nous pouvons nous vanter d'avoir toujours professé à l'égard des doctrines religieuses la tolérance la plus complète, à la simple condition que la réciprocité nous fût appliquée. Je pourrais citer de nombreux décrets de nos Empereurs qui ont été des hommages officiels du respect qu'ils ont eu pour les religions. Sous la dynastie des Ming, en l'an 1384, l'Empereur Tai Tsou fit lui-même l'éloge de la religion musulmane : « Elle augmente, dit-il, le courage du pauvre, console les malheureux, pénètre le caché et l'obscur, sauve les vivants et délivre les morts. La base de cette doctrine est l'adoration du vrai seigneur. » Plus tard, en 1735, l'empereur Yong-Tching soutint officiellement les mahométans contre les attaques envieuses des censeurs : « J'entends, dit-il, qu'on les laisse libres de professer leur religion, et qu'ils soient traités comme mes autres sujets, pourvu qu'ils respectent les lois de l'empire. La religion est une affaire de conscience que nul n'a le droit de scruter. »

Grâce à la modération donc, les mahométans sont devenus les hôtes de la Chine; leurs descendants occupent aujourd'hui des places d'honneur dans les plus hauts postes de l'Etat. Notre académie des Han-Lin compte des musulmans parmi ses membres les plus distingués; l'armée et la magistrature, à Péking et dans les provinces, possèdent de nombreux fonctionnaires qui appartiennent à la religion de Mahomet.

Supposez que ces émigrants arabes qui vinrent dans notre empire au VIIIe siècle de votre ère eussent été des chrétiens de France ou d'Angleterre; supposez qu'ils eussent suivi les mêmes principes dans leurs rapports avec nos peuples : voulez-vous considérer quels bienfaits cette colonie française et chrétienne de 20 millions d'hommes aurait apportés à la cause de la civilisation ? La Chine tout entière serait respectueuse des droits mystérieux de la croix ; elle n'aurait que des hommages de respect et de vénération à rendre à la doctrine de l'Evangile, que nos peuples eussent si facilement comprise et adoptée... Aujourd'hui cette doctrine sainte est synonyme d'envahissement et d'oppression ! L'ambition impatiente des Blancs, leurs rivalités jalouses, les projets mal dissimulés de leur politique, et leurs coups de canon, ont détruit le prestige de la charité divine. Elle sera d'autant moins divine qu'elle sera plus protégée ; si le Christ est Dieu il n'a besoin que de ses martyrs pour faire triompher sa cause. Ses missions étaient-elles protégées du temps des Césars ? Saint Paul se recommandait-il de son consul ? Voyez-vous, on ne refait pas les traditions ; elles sont éternellement vraies.

Achevons, s'il vous plaît, ce rapide résumé de nos relations avec les étrangers. Avez-vous lu les récits de Marco Polo ? Avec quelle reconnaissante admiration il décrit les merveilles qu'il a vues dans notre grand empire du XIIIe siècle ! Quel éloge il fait de l'accueil qu'il a reçu à la cour de Khoubilaï ! Vous savez qu'il devint le favori de notre empereur ; que pendant dix-sept ans il l'admit auprès de sa personne, qu'il en fit son conseiller, qu'il l'aima d'une sincère affection. Relisez les adieux qu'il lui adressa, la peine que son départ lui causa, et vous conclurez avec moi que nos haines, que nos perfidies, ne sont pas les formes habituelles de notre caractère, mais bien des conséquences qui ont eu leurs raisons, tout au moins leurs excuses.

Les Européens n'ont pas imité la modération du noble voyageur vénitien. Les Portugais qui abordèrent sur nos rivages, pour la première fois, en 1516, se conduisirent de telle façon qu'ils furent considérés comme des ennemis. Pendant près d'un demi-siècle ces étrangers firent cause commune avec les pirates, rançonnèrent nos villes du littoral, nous traitèrent en barbares, *ad majorem Dei gloriam*, et nous accusèrent ensuite d'être les pires hôtes de l'humanité, parce que nous avions protesté violemment contre leurs violences. Ces débuts ont été très mauvais et se sont conservés dans l'imagination populaire avec tous les souvenirs attachés aux invasions. Les annales familières que la tradition recueille et qu'elle va répétant sous tous les toits, avec ses histoires effrayantes de femmes enlevées, de vieillards massacrés et de villages en flammes, sont restées dans nos provinces du sud à l'état de Légendes des diables de l'Océan, et y ont fixé les opinions relativement aux étrangers. A dater de ce jour les Chinois n'ont plus qu'une idée fixe, résister aux diables de l'Océan et les traiter en ennemis. Certes, la logique est excessive et brutale : la raison n'autorise pas une telle exagération : mais avez-vous oublié que ce sont des « Jaunes » qui raisonnent ainsi, c'est-à-dire des inférieurs? Ne savez-vous pas que ces intelligences modestes, et comme bornées, n'ont le pouvoir que de juger sur des faits qu'ils croient être constants? L'esprit a été frappé, comme par surprise, d'un événement qui a scandalisé des peuples disposés à appliquer théoriquement les lois de l'hospitalité. Si nous avions été « Blancs » nous eussions compris, d'instinct, ces attaques à main armée, à la conquête de paisibles bourgades dont il n'eut pas été glorieux d'accepter sans quelques hauts faits, les offres généreuses; nous aurions compris « l'allusion ». Mais nos ancêtres étaient jaunes, encore plus jaunes que nous le sommes, et ils ont très mal pris l'aventure. Voilà pourquoi nous vous appelons des diables, très sérieusement.

Depuis le XVIe siècle la Chine a vécu dans la crainte constante de ces diables de l'Océan; elle s'est enfermée chez elle, se cachant à la manière des autruches, et s'imaginant qu'on ne la verrait pas, et que les Blancs la laisseraient dans son isolement. Depuis deux siècles la Chine est comme frappée de terreur et pressent de dangereux événements. Nous avons nous aussi nos sorciers, nos Nostradamus; les prédictions courent dans les provinces;

elles circulent de ville en ville, de village en village. Vous devez comprendre avec quel succès! Parmi ces prédictions il en est une très curieuse que je me risque à vous citer, quoique je sois très sceptique en matière de prophétie : mais elle est vraiment étonnante[1].

Elle est ancienne puisqu'elle est attribuée à un certain Liéou qui vivait à la cour de l'empereur Tai Tsong, sous la dynastie des Ming, au commencement du xve siècle. D'après cette prédiction, les événements seraient proches; en voici du reste une relation : « En 1876 il se passera, en Chine, quelques événements assez graves, mais non décisifs. En 1878, il n'y aura pas un endroit où l'on pourra trouver la tranquillité. Une femme tartare gouvernera le pays au nom d'un enfant. Huit bannières sur seize ne pourront garantir l'empereur. L'ouest adorera l'Etoile du Lion ; le sud ne voudra plus de l'Etoile du nord; le nord ne voudra plus de l'Etoile du Lion. Le sud, le nord, l'est et l'ouest se diviseront. Alors la femme, l'enfant et toute la dynastie courent les plus grands dangers. 4 cycles (240 ans) se sont écoulés depuis le commencement de la dynastie jusqu'à sa fin.

« En 1879, au printemps, des Rouges pénétreront dans le royaume du Milieu. En 1880, le sang

[1] Cette prédiction est citée par M. de Thiersant.

coulera par suite de combats terribles. Les troubles continueront, en 1881, 1882, 1883. Les mandarins demanderont un maître. Alors un Mong apparaîtra, et tout le peuple à ses pieds le proclamera roi. Tous les Tartares seront massacrés. Les uns fuiront au nord, les autres au sud. La mortalité sera très grande, puis la nouvelle dynastie se fixera sur le trône. Toutes les vieilles coutumes seront changées et le peuple se réjouira. Les lettres seront florissantes. Puis, à gauche, il y aura un empereur, et à droite un autre empereur, descendant des anciennes dynasties. Ce sera le bon empereur des cinq cents ans (prédit par Mong-tse) ; il sera rempli de sainteté. Il changera tout ce qui sera défectueux : les étrangers lui offriront des présents... »

C'est une prophétie qui ressemble à toutes les prophéties, comme vous pouvez en juger. Elle indique des événements qui se sont, en vérité, réalisés ; elle en annonce d'autres qui ont pour eux l'appui de la vraisemblance, et ils se réaliseraient que j'en serais peu surpris.

IV

J'ai établi dans ma précédente lettre en vertu de quels principes la colonie musulmane s'était implantée en Chine et quels progrès elle avait réalisés dans l'art de vivre en paix avec les Chinois. Les Portugais qui auraient pu, en suivant les mêmes principes parvenir aux mêmes résultats ont préféré faire les matamores. Après trois siècles de réclamations incessantes ils n'ont même pas encore pu aujourd'hui obtenir la reconnaissance officielle de leur factorerie de Macao. Ils n'ont réussi qu'à gagner de l'argent, par le commerce illicite de la traite des coolies, et en prélevant des droits sur les jeux de hasard dont ils se sont faits les patrons. C'est de cette manière que les Portugais comprennent les conquêtes de la civilisation ! Et ils s'étonnent que nos empereurs aient été si unanimes à contester leurs prétentions, qui n'étaient rien moins que de se croire chez eux à Macao, parce que leurs corsaires vendaient nos malheureux coolies ! Ce sont, paraît-il, des conséquences du droit nouveau, qualifié de droit des gens et de code des relations internationales entre nations civilisées.

« Les Jésuites qui n'avaient pas de soldats et qui ne comptaient que sur les ressources de leur habileté ont tenté, eux aussi, l'assaut de la citadelle prétendue inexpugnable de nos bons procédés à l'égard des étangers. Les Jésuites ont un excellent système que notre Confucius avait breveté depuis longtemps. Ce système est très simple : il consiste à voir et à comprendre le but, et à s'armer de patience. Tout vient à point, en effet, à qui sait attendre. Le père Ricci qui vint en Chine vers la fin du XVIe siècle, avait l'intention formelle de préparer les futures missions catholiques ; mais il comprit, aussitôt débarqué, que nous étions Jaunes et de cette observation sortit un plan dont il s'appliqua à réaliser tout le dispositif.

Il avait commis une première faute en revêtant la robe des bonzes ; car il croyait que les bonzes avaient du crédit. Il se trompait ; il s'en aperçut et il s'en corrigea. Vous voyez que c'était un homme très habile. Il revêtit le costume des lettrés, et devint un sinologue de première force. N'allez pas vous imaginer que ce bon père se mit à prêcher sa doctrine : il s'en garda bien ! L'Evangile a certes des points de contact nombreux avec les articles de morale de notre grand philosophe, et ce ne pouvait pas être pour Ricci une difficulté de se recommander de Confucius pour faire valoir son nouveau projet de direction religieuse ; mais notre peuple qui observe les dogmes du bouddhisme et qui y croit, parce que les bonzes les garantissent, n'était pas si facile à convaincre, et de plus les autorités n'auraient pas supporté, à première vue, la prédication d'une morale qui faisait table rase de nos traditions et de nos coutumes. Allez donc supprimer les concubines, sous prétexte de morale ! Empêchez donc les sacrifices offerts aux mânes des ancêtres et les offrandes portées sur leurs tombes ! Conseillez donc aux Chinois d'envoyer leurs femmes à l'église ! Autant d'abominations que nos peuples n'eussent jamais admises.

Ricci ne se fit pas illusion sur les difficultés de sa tâche. Heureusement pour lui il était très fort en mathématiques. Il imagina de se convaincre personnellement que toutes ces cérémonies, considérées par les Chinois comme *sacrées*, se rattachaient à des institutions purement sociales. Il se convainquit. Alors il établit une distinction entre les rites civils et les rites sacrés. Les premiers comprenaient les cérémonies chinoises ; et les seconds comprenaient les cérémonies catholiques. Le problème était résolu, et Ricci eut un succès prodigieux. Il avait admirablement compris que nous étions « Jaunes », et qu'il ne pouvait pas nous traiter en séminaristes. Il nous faisait entrer par son intelligente modération, par les spirituels sophismes de sa raison, dans la voie qu'il avait désignée et qu'il savait d'un accès certain au monde plus élevé, plus digne de l'être humain, que fait entrevoir la doctrine évangélique. Que ce Ricci était donc un saint homme, et quel n'eût pas été le succès de son œuvre si tous ceux qui vinrent après lui avaient suivi son exemple !

Il est à remarquer que le système employé par Ricci, quoique procédant de la même idée, était cependant différent de la conduite observée par les musulmans. Ceux-ci ne faisaient pas, en apparence, de propagande pour leur religion; ils se bornaient à en faire une sorte d'exposition permanente. Avis aux amateurs. Ils se mariaient entre eux, exclusivement, achetaient des enfants qu'ils instruisaient dans leur culte, et de cette manière organisaient le développement progressif de la secte. Laissez s'écouler les années, et vous verrez un jour quelle influence auront ces mahométans sur les destinées de notre Empire. Ricci était seul; il lui fallait gagner des âmes; il ne procédait pas par la colonisation; il convertissait lentement l'idée chinoise. Il serait certainement parvenu à son but, sans le zèle maladroit de ses coreligionnaires. Que vous dirai-je encore pour vous prouver que tout progrès dépend de la méthode, et que nous ne sommes pas les ennemis jurés de votre humanité? Voulez-vous suivre Ricci jusqu'à Pékin, où il ne se rendit qu'après avoir résidé dans les provinces pendant dix-sept ans? Vous allez le voir bientôt à la cour de l'Empereur; c'est notre invisible Fils du Ciel qui va le recevoir, qui va l'accueillir avec une bienveillance marquée. Un Jésuite dans le palais du souverain de la Chine! Voilà le résultat que conquiert la vraie sagesse. Ah! peut être vous trouverez peu digne d'un apprenti du Christ, peu digne d'un Blanc, le procédé qu'il employa pour se faire ouvrir les portes de jade du palais du Soleil. Il avait gagné un eunuque ! Oui, c'est par la protection d'un eunuque qu'il parvint à se faire connaître de l'Empereur ! Un eunuque dont il fit, à dessein, la connaissance fut son introducteur. Ricci ne pensa pas que ce fût un péché. Il voulait voir l'empereur, il le vit ; et il se convainquit sans doute, en manière d'absolution, que l'empereur avait lui aussi sa chapelle sixtine. Oublier le harem, et voir une chapelle, c'était pour Ricci la plus simple des opérations mentales. Dites-moi, n'était-ce pas un habile homme ? Si vous saviez comme nous aimons en Chine ces généreux esprits qui laissent de côté les bagatelles et qui vont droit au but ! Comme nous aimons que l'on ne s'aperçoive pas trop que nous sommes Jaunes ! Que de merveilles les Blancs eussent réalisées, s'ils avaient pris les conseils de leur esprit !

Ricci eut des continuateurs qui s'inspirèrent de son exemple. L'Allemand Schall et surtout son compatriote Verbiest, tous les deux appartenant à l'ordre des Jésuites, accomplirent des merveilles, et rendirent à l'Etat des services dont le souvenir ne s'éteindra pas. Avant l'arrivée de ces savants missionnaires les seules sciences connues des Chinois avaient été enseignées par les Arabes. C'est dire que nos mathématiques étaient très élémentaires. Grâce à Schall et à Verbiest nos connaissances devinrent plus étendues et nous participâmes dans une certaine mesure aux privilèges de l'intelligence des Blancs. Une vie nouvelle sembla animer notre vieux monde ; des écoles se fondèrent sous la direction des maîtres venus d'Occident : partout des églises se construisirent, et ce fut pendant quelque temps un âge d'or. Les étrangers étaient nos amis et nos éducateurs, nous enseignant l'astronomie, la physique, les arts et la religion. Il leur avait suffi pour remporter toutes ces victoires de respecter Confucius et de ne pas froisser les antiques et naïves coutumes sur lesquelles repose l'édifice politique de l'Empire.

Nos annales de cette époque nous apprennent que l'Empereur Kanghi accorda aux missionnaires, en récompense de leurs loyaux services, le droit d'ouvrir des églises. Voyez par quels chemins avaient passé ces intelligents missionnaires avant d'arriver à leur but, et combien il est vrai de dire que tous les chemins mènent à Rome, même en Chine !

L'édit par lequel l'empereur consacra ce grand événement est précédé d'un exposé des motifs qui est des plus intéressants : car il résume les développements que je viens de vous donner sur cette question si mal comprise de notre sociabilité. Le premier président du Li-pou, ou ministère des rites, s'exprime en ces termes dans la requête qu'il adresse à l'empereur : « Nous avons délibéré, moi et

« mes assesseurs, sur l'affaire que Votre Majesté « nous a communiquée, et nous avons trouvé que « ces Européens, qui ont traversé de vastes mers, « sont venus des extrémités de la terre, attirés par « votre haute sagesse et votre incomparable vertu. Ils « ont présentement l'intendance et le tribunal des « mathémathiques ; ils se sont appliqués avec beau- « coup de soin à construire des machines de guerre « et à fondre des canons. Quand on les a envoyés à « Nipchon pour y traiter de la paix avec les Mosco- « vites, ils ont trouvé moyen de faire réussir cette « négociation. Enfin ils ont rendu de grands ser- « vices à l'Etat.

« On n'a jamais accusé les Européens qui sont « dans les provinces d'avoir fait aucun mal, ni « d'avoir commis aucun désordre ; la doctrine qu'ils « enseignent n'est pas mauvaise ni capable de « causer des troubles.

« Nous sommes d'avis qu'il faut leur laisser « ouvrir des églises et permettre à tout le monde « d'adorer Dieu comme il l'entend. »

Tel fut le décret qui en 1692 autorisa en Chine l'exercice de la religion chrétienne. Il n'avait pas été nécessaire pour l'obtenir de bombarder les ports et de piller les palais ; pas d'ultimatums, pas de protocoles ; la patience généreuse de quelques hommes éclairés avait suffi.

Notre étonnement est grand, lorsque nous

repassons ces souvenirs, de constater combien le présent est différent du passé. Nous ne pouvons cependant pas accuser nos empereurs d'intolérance, puisque ce sont eux qui ont été les premiers protecteurs de la religion catholique, du moins de la religion qu'enseignaient les Ricci et les Verbiest. Nous ne pouvons pas nous trouver coupables d'avoir renversé l'édifice que nous-mêmes nous avions élevé, avec une si parfaite connaissance du but. Ce n'est pas notre opinion qui a changé, c'est la religion : ce sont ses docteurs surtout. Voilà, en effet, la surprise que nous avons éprouvée. Des missionnaires de toutes sortes d'ordres religieux ont gâté tout par leurs maladresses, d'autres disent par la jalousie que leur avaient inspirée les succès de leurs confrères en martyre. Ils ont défait une à une toutes les œuvres de patience et de bonté qu'avait accomplies Ricci, et ils ont conclu, ces savants docteurs ennemis des Jésuites, que les Jésuites avaient faussé les dogmes de l'Eglise. Ces coutumes que Ricci avait spirituellement baptisées du nom de rites civils, coutumes qu'il importait bien peu de mettre en cause, furent déclarées idolâtres par le pape, et nous nous vîmes en situation d'être excommuniés. On nous chercha chicane sur des mots, et Rome, qui s'y entendait mieux que Pékin, voulut nous imposer sa manière de comprendre le sens du mot « tien ». « Tien » signifie « Ciel », et exprime en Chinois l'idée que nous avons du Ciel, c'est-à-dire d'un monde inconnu qui est au-dessus du nôtre. Le caractère qui représente ce mot fait image dans ce sens : il se sert du caractère « homme » et les autres signes ajoutent l'idée de l'excellence. Le Ciel est au-dessus de l'homme. Rome voulait que ce ciel fût synonyme de firmament, c'est-à-dire le ciel matériel et visible. Péking affirmait au contraire que son « ciel » n'était ni matériel ni visible, et que c'était le ciel, où les puissances célestes. Vous comprenez combien cette querelle de mots était maladroite, elle s'attaquait à la base même de notre constitution politique. Notre empereur, Tien-tse, Fils du Ciel, n'allait pas abandonner son titre pour faire plaisir au pape ! Ce titre est la seule force de son pouvoir : c'est son droit *divin*. Est-ce que dans ce temps-là les rois de France ne se croyaient pas eux aussi en possession d'un droit du Ciel ? N'étaient-ils pas quelque peu fils du Ciel ? Si le pape était venu leur dire que ce Ciel-là n'avait pas plus de valeur qu'un ciel de théatre, comment vos Rois eussent-ils pris l'observation ? Le jour où le peuple comprendra qu'en vérité le Ciel, visible ou invisible, n'a rien de commun avec le souverain, et que son titre n'a pas plus de valeur que si le Ciel n'existait pas, ce jour-là l'empereur du Milieu descendra du trône : il sera tombé. Vos rois n'ont-ils pas descendu les marches du trône, à mesure que l'auréole pâlissait sur leur couronne? Qui croit parmi vos électeurs aux vertus politiques de la sainte ampoule et de son onction? Ils sont devenus bien rares ceux qui admettent encore ces idées. Nous, mandarins et lettrés, qui vivons des tributs que le peuple nous paye respectueusement, parce qu'il honore en nous la personne de l'empereur, nous n'allons pas, je suppose, tarir cette source inépuisable et discréditer le Ciel qui nous est si favorable. C'est ce que le pape voulait. Etait-il raisonnable le pape? Non, évidemment; et si vous aviez été Chinois et mandarin, ce dont je ne doute pas, dites-moi : qu'auriez-vous répondu au pape?

Vous devez vous faire une idée de l'impression que causa à la cour un pareil système, et quelle fut l'indignation que ressentit l'empereur quand il apprit qu'un légat du pape, récemment arrivé en Chine, avait défendu, par mandement, aux chrétiens chinois, d'accomplir les cérémonies imposées par les rites de l'Empire. L'empereur riposta par un bon décret qui déclarait n'admettre en Chine que la religion de Ricci ou des Jésuites, et menaçant de la persécution tous ceux qui obéiraient au pape et à son légat. Vous voyez que la question était bien posée. Ces événements se passent au commencement du XVIIIe siècle. La guerre entre le Fils du Ciel et le Souverain Pontife n'est pas cependant officiellement déclarée ; le décret de bannissement n'est pas encore rendu. C'est un hommage que nous pouvons payer à la mémoire du grand empereur Kanghi, qu'il n'a pas voulu user de rigueur contre les chrétiens dont il avait reçu tant de services ; il donna l'exemple de la modération. Mais son successeur ne partagea pas les mêmes scrupules. Les missionnaires et les chrétiens furent dénoncés comme les perturbateurs de la paix publique, par décret, et dès lors la persécution commence ; elle dure encore aujourd'hui, malgré le concours que les nations de l'Europe ont donné à la cause de la religion. Les difficultés à résoudre sont en effet toujours les mêmes ; le décret de 1723 n'a pas été rapporté, et, conformément à la lettre de ce décret, les catholiques sont hors la loi, à titre de perturbateurs. Vienne un Ricci ramener la confiance dans les esprits, en rééditant sa théorie ingénieuse des rites civils, et des rites sacrés, et je ne désespérerai pas de revoir ces dévoués et savants religieux coopérer au relèvement intellectuel de notre empire. Qui de nous ne sait pas qu'eux seuls ont les qualités de désintéressement qui suffisent au succès de leurs entreprises ? Qui de nous ne sait pas qu'ils ont la science, qu'ils ont la patience, qu'ils ont le dévouement ? Qui de nous ne sait pas qu'ils ont une passion noble, divine, qui entretient leur zèle? Qui de nous ne sait pas que ce ne sont pas les lingots d'or qui captivent leurs désirs secrets? Quel dommage que tous ces dévouements soient perdus pour nous, faute de s'entendre sur quelques chimères, auxquelles nous tenons parce que nous sommes Jaunes, et que nous soyons obligés de nous « laïciser » parce que nos rites ne sont pas tout à fait « civils »!

CONCLUSION

Les questions auxquelles j'ai touché dans ce premier courrier vous intéresseront, je l'espère. Elles confirmeront peut-être, dans votre esprit, la pensée que nous ne sommes pas, par caprice, les ennemis de votre civilisation. Nous l'admirons sous certains côtés, mais nous sommes Chinois avant tout et quand même. C'est une manie dont il n'est pas facile de se corriger. Les aventures qui nous sont arrivées relèvent en somme d'une interprétation, d'un ordre très élevé, de dogmes et de principes. Nous n'avons pas voulu reconnaître la suprématie doctrinale du pape : toute la question est là. Alors on a employé la force.

Le christianisme est, pour nous, la religion du sabre.

Lorsque notre empereur, l'immortel Kanghi,

admit par décret la religion de Ricci, à l'exclusion de toute autre, il provoquait, en réalité, un schisme ; et si les Jésuites avaient eu, à cette époque, le goût de s'opposer au *non possumus* des papes, ils fussent devenus les fondateurs d'une nouvelle Eglise, le catholicisme d'Extrême-Orient. Aujourd'hui, toute la Chine serait chrétienne. Il se serait passé chez nous ce qui s'est passé en Russie, en Angleterre, en Allemagne ; nous aurions eu notre Eglise, et les Jésuites seraient les maîtres incontestés de la Chine, ayant appliqué la maxime de saint Paul : « Il faut se faire tout à tous, pour con« vertir les âmes au Christ. »

Ils ont repoussé cette glorieuse tentation de dominer le monde avec quatre cents millions d'adeptes, prêts à reconnaître la suprématie de leur intelligence et de leur doctrine. Ils ont préféré obéir à l'ordre de leur maître, se soumettre et s'humilier. Ils ont pris le chemin de l'exil.

Nous sommes encore beaucoup trop Jaunes pour comprendre ces subtilités et ces sacrifices. Cependant, nous admirons de tels exemples de fidélité, qui nous prouvent, en Chine, que le pape est un puissant monarque.

« SI-TA-JEN. »

LA LANGUE UNIVERSELLE

En France, à Paris, en l'année 1886, on célèbre les louanges d'une langue nouvelle. C'est la langue volapük. Il paraît que ce nom signifie « universel ». La langue volapük serait donc parlée par tous les peuples ; ainsi l'incident de la confusion des langues ou de la tour de Babel est clos.

Tous les progrès sont dans la nature ; celui-là, sans avoir été annoncé, a cependant été accompli. Un homme s'est rencontré qui a dit : « Que le volapük soit, et le volapük fut. » Aujourd'hui, en plein boulevard, la nouvelle langue fait des prosélytes, à bon marché — on peut devenir savant en volapük, pour quelques sapèques. C'est vraiment remarquable et j'en suis tout étrangement surpris.

J'ai cédé à l'entraînement général : j'ai acheté les premiers éléments de cette grammaire, et je l'ai parcouru curieusement. Avouerai-je que j'ai été déçu ? Ce n'est vraiment pas la peine. Mais quand je pense que cet horrible mélange de radicaux empruntés pour la plupart aux langues saxonnes et affectés de désinences inimaginables, est destiné à devenir la langue des peuples de l'Univers, je me suis dit que tous les chercheurs de paix universelle étaient encore bien loin de leur idéal, et que le jour où le monde parlerait ce charabia, il cesserait d'être.

Eh quoi ! des hommes se sont imaginé inventer une langue ! ils ont eu le front de dicter des mots à la pensée, et de décréter, par exemple, qu'une maison s'appellerait : dom ! Mais pourquoi ? D'abord, en chinois, une maison se dit : fang, et jamais nos quatre cents millions de Chinois ne diront : dom !

Ce pauvre Paris !

J'ai entendu plaindre bien souvent la France. Que de fois ce cri douloureux est parvenu à mon cœur : pauvre France ! Quel est le Français qui n'a pas gémi sur les maux de la patrie abaissée dans son prestige, que tant de siècles glorieux avaient consacré ! Quel est le patriote qui n'a pas contemplé sans larmes dans les yeux les drapeaux neufs et les jeunes bataillons ! Mais il restait une immortelle espérance dans cette adorable langue française qui fut l'éducatrice de toutes les idées généreuses et qu'ont parlée avec amour tous les grands hommes.

Eh bien ! Paris supporte cette injure : on lui enseigne une langue qui s'intitule universelle, et c'est l'argot le plus effronté, le pot-pourri le plus vulgaire qui soit jamais sorti de la fange des faubourgs. Les nègres du Congo n'en voudraient pas.

Chaque peuple a sa langue qui reflète toutes les traditions respectées. Les peuples sont vieux comme l'humanité ; ainsi des langues. On ne crée pas plus des peuples que des langues. Et c'est à Paris que ces monstruosités étalent leurs indécentes audaces, à Paris, la capitale de la langue française ! moi, Chinois, je proteste ! Si le volapük faisait crier ses grammaires à Pékin, je mettrais le carcan au cou de son auteur, et le condamnerais au volapük forcé à perpétuité.

Cette grammaire, j'ai eu la patience de l'examiner ; elle se donne comme simple ; c'est une grammaire « balik » — balik veut dire : simple, en volapük. — Je l'ai trouvée très compliquée. Je m'explique. La langue chinoise, que je m'empresse du reste de ne pas proposer au concours des langues universelles, n'a pas de grammaire. C'est tout ce qu'il y a de plus « balik ». Pas de grammaire, c'est peut-être exagéré, mais il y en a si peu que c'est presque exact de l'affirmer. Ah ! si l'impresario qui a monté le volapük avait connu le chinois, il eût sans doute adopté ses combinaisons faciles, claires, conformes à tous les goûts, et nous aurions entendu célébrer les vertus de cet idiome devenu subitement la langue de l'Univers! Mais on n'apprend pas le chinois; on croit que c'est trop difficile, depuis surtout que les sinologues étrangers, les Stanislas Jullien et autres ont prétendu que c'était une langue impossible. Les imposteurs! Charlatans, devrais-je dire! Mais je ne me fâcherai pas à ce sujet. Voici du reste pour l'édification de mon lecteur un traité complet de grammaire chinoise.

DE L'ARTICLE

Règle Ire. — L'article n'existe pas.

DE L'ADJECTIF

Règle Ire. — Il se forme en ajoutant la particule *ti* au substantif correspondant.

DU GENRE

Règle Ire. — Il n'y en a pas.

DU NOMBRE

Règle Ire. — Il se marque par l'addition de la particule *men*. Souvent il ne s'indique pas.

DU PRONOM

ouo, je ou moi.
ni, tu ou toi.
t'a, il.

DU VERBE

Règle Ire. — Pas de conjugaison.

DES TEMPS

Le futur se marque en plaçant devant le verbe la particule *iao*.

Le passé se marque en plaçant après le verbe la particule *liao*.

DU PARTICIPE

Il se forme comme l'adjectif en ajoutant au verbe la particule *ti*.

Exemples : j'aime.

(Aimer se dit *aé*).

J'aime, *ouo aé*, nous aimons, *ouo men aé*.
Tu aimes, *ni aé*, — —
Il aime, *t'a aé*, — —

DU PASSÉ

J'aimais ou j'ai aimé, *ouo aé liao*.

DU FUTUR

J'aimerai, *ouo iao aé*.

Voilà la grammaire chinoise; avec cette clef vous pouvez tout exprimer. Quant aux noms de nombre : ils sont effrayants en volapük. J'en veux donner un exemple:

Balsebal, *balsetel*, *kilsebal*, *folsekil*, *lulsevel*.

Voilà des mots qui signifient: 11, 12, 31, 43, 57; on croirait lire une inscription cabalistique du temps de Balthazar.

En chinois c'est bien simple. Voici les dix premiers nombres :

Yi, *eul*, *san*, *se*, *ou*, *liou*, *tsi*, *pa*, *kiou*, *che*.

Onze, c'est 10 + 1, c'est-à-dire : *che yi*.

Douze, c'est 10 + 2, c'est-à-dire : *che eul*, et ainsi de suite.

Vingt, c'est deux fois 10, donc : *eul che*.

Vingt et un, c'est 20 + 1, donc : *eul che yi*. et ainsi de suite.

Il suffit donc de connaître les neuf premiers noms de nombre pour nommer tous les nombres sans exception.

Ajoutez à cette nomenclature que le nombre cent se dit « paé » et que le nombre mille se dit « ouan », vous aurez une notion exacte de notre système de numération parlée.

Je ne crois pas avoir démontré à mon patient lecteur qu'il y ait de grandes difficultés à tenter l'étude du chinois. Les missionnaires qui viennent en Chine avec le seul secours de leur bonne volonté, apprennent en six mois la langue, et prêchent et confessent au bout de ce temps en langue chinoise. Ce sont des courageux et des croyants. Il n'y a pas de meilleure étude que celle des langues pour apprendre à aimer ses semblables. Là où il y a une langue il y a un peuple. Mais où donc est le peuple qui parle le volapük ?

LA LANGUE ÉCRITE

Si la langue parlée est facile à apprendre, il est sans doute moins facile de connaître la langue écrite. Mais c'est bien l'occupation la plus agréable que je connaisse. Je ne comprends pas comment les Occidentaux, qui sont si habiles dans l'art de faire tout ce qu'ils veulent, n'aient pas classé parmi les arts d'agrément, la calligraphie chinoise. J'ai l'air de dire une chose extravagante dont certains membres de l'Institut des Inscriptions et Belles-lettres me garderont rancune, rien n'est plus naturel cependant.

En Chine, dans les ports, tout le monde apprend et sait l'anglais. La langue française n'est pas autant en faveur, mais ce n'est pas notre faute. Il est de bon ton de parler l'anglais, et cela durera tant que l'Angleterre nous imposera son ton, « ton taine ton ton », comme dit la chanson ; car la Chine indépendante est encore un mythe.

Nos jeunes gens apprennent même le latin à l'instar des lycéens ; nous avons en effet, des collèges de Jésuites où les bons pères enseignent tout ce qu'ils veulent, sans s'occuper le moins du monde de l'article 7. Nous ne trouvons pas qu'il soit impossible d'apprendre les langues à alphabet : c'est évidemment difficile au premier moment, de reconnaître un sens à un composé quelconque de syllabes qui ne signifient par elles-mêmes absolument rien, mais on finit par s'y faire. C'est là, en effet, le point qui nous étonne le plus. Je n'en veux pas aux sons ; il est bien évident que les sons d'une langue sont arbitraires pour la plupart. Vous dites : cheval, nous disons : ma ; vous dites : pain, nous disons : manne ; vous dites : vin, nous disons : tsiou. C'est affaire de convention ; ce sont des différences dont je n'ai pas à étudier les raisons ni les causes. En cela, les sons se rapprochent beaucoup des goûts et des couleurs dont on dit qu'il ne faut pas discuter. Mais toutes ces alliances de syllabes, qui, chacune séparément, n'a aucun sens nous représentent autant de mystères qu'il faut admettre de confiance, dans l'étourdissement d'un éternel pourquoi.

En somme, il nous faut connaître un à un chaque mot d'une langue écrite. Si j'étudie le français, par exemple, il faut que je sache le sens de chaque mot écrit, puis ensuite que je comprenne la phrase, ses diverses acceptions selon les figures employées ou selon les déguisements que prennent subitement certains mots, mis en certaines places. Bref, il me faut posséder tous les secrets d'une composition variée à l'infini, ainsi que les bizarreries multiples d'une grammaire vraiment exceptionnelle, c'est le mot.

Je vous assure que le chinois écrit est bien plus abordable. Considérez que je ne suppose pas faire ainsi son éloge ; j'estime qu'une langue n'a pas de plus grand mérite que celui d'être difficile, et très difficile. Ainsi j'aimerais savoir qu'il existe une langue que ne peuvent parler que les gens très intelligents, ceux qui devinent ou ceux qui bûchent. J'essaierais de m'inscrire parmi ces derniers, et je serais enchanté d'arriver à comprendre. Je crois que le français pur est cette langue. Mais est-elle accessible ? On vante le français de Renan, ou celui de Georges Sand ; il n'y a pas de livres où s'apprend la manière de Georges Sand ; et quant à Renan, il montre bien de temps en temps qu'il sait cette langue merveilleuse, mais il ne dit pas son procédé. C'est désolant. La langue écrite chinoise n'a pas ces écueils. Elle est tout entière à la discrétion du persévérant. Ses caractères sont très amusants ; ils sont formés d'une manière intéressante, et ont généralement le physique de leur emploi. Evidemment ils exercent la mémoire des yeux, mais en définitive ils ne sont formés qu'avec sept espèces de traits, tandis que tous les mots de vos langues alphabétiques ont vingt-cinq lettres différentes. Combinez entre eux ces sept traits, vous avez des caractères types qui entrent dans la formation de tous les caractères de la langue ; il suffit de connaître un nombre relativement restreint de ces caractères, en tout 214, pour pouvoir être capable d'épeler les caractères, les chercher et les trouver dans un dictionnaire chinois-français. Comme la grammaire est sans intentions malveillantes, il suffit donc d'un peu d'étude et de volonté pour voir clair au milieu de cette forêt de traits noirs qui semblent des branches enchevêtrées, et où l'œil exercé distingue bientôt un sens nettement défini, exprimé avec goût et excitant les plaisirs que procurent dans les lettres, soit la poésie, soit l'éloquence.

On distingue encore aujourd'hui le sinologue comme un être surprenant, étrange. Le monsieur qui sait le chinois est tout simplement un maniaque, et il n'est pas très sûr qu'il ait toute sa raison. Le public naïf s'imagine volontiers que le sinologue a une conformation spéciale du cerveau ; il a la bosse des caractères idéographiques. Les langues étrangères causent toujours des surprises aux Français ; quelqu'un qui sait plusieurs langues est un phénomène, mais le chinois, savoir le chinois, c'est un comble.

Je me suis promis pour cette fois d'être utile à

mes lecteurs, et de ne leur donner que des renseignements excellents. Si parmi ceux qui me font l'honneur de me lire il se trouve des jeunes, et qu'ils aient du courage, qu'ils apprennent donc le chinois ; s'ils ont quelque fortune, qu'ils prennent le paquebot et qu'ils aillent passer deux ans là-bas, dans la Fleur du Milieu, et qu'ils travaillent. Ils reviendront s'ils ont suivi mon programme en avance d'un an sur leurs camarades de l'école des langues orientales, où l'enseignement purement théorique n'a pas d'autre but que de démontrer que le chinois est une langue « à difficultés » et que le professeur qui est chargé du cours est le seul synologue qui ait bien compris ce que c'est que la langue chinoise. En dehors de ces deux points à acquérir, je ne vois pas grands progrès pratiques à accomplir à l'école de la rue de Lille.

Les sinologues de mes amis qui m'ont parlé du cours de chinois professé à l'école m'ont toujours fait remarquer, avec l'air aimable particulier que l'on prend dans ces circonstances, que le professeur ne savait pas le Chinois, et que ce n'était pas un « sinologue ».

Je n'y voyais pas d'opposition, et je me contentais d'incliner la tête, me rappelant parfaitement bien que ce même professeur m'avait parlé de ces mêmes sinologues dans des termes absolument identiques. Le monde des sinologues est un monde à part : ne touchez pas à leur « vaste savoir » ; ne dérangez pas l'équilibre secret de leurs prétentions, c'est sacré. J'ai toujours conclu, pour ma part, en présence de rivalités de cette nature, à l'ignorance de ceux qui les entretiennent. Ceux qui savent vraiment ne peuvent pas être rivaux ; il me semble au contraire que le cœur suit l'esprit dans l'entraînement des études, et que la science acquise crée entre les âmes une fraternité et une camaraderie parfaite. C'est mon humble avis.

L'étude des langues orientales a créé une caste fort préjudiciable selon moi à l'étude des langues. Il y a certains salons à Paris où trônent, dans toute la majesté de leur science indiscutée, quelques-uns de ces pontifes de l'érudition orientale. Quelle différence y-a-t-il entre eux et quelqu'un qui sait l'allemand, par exemple ? Je n'en vois pas : sauf cependant qu'il faut trente-cinq jours pour aller en Chine, tandis qu'on va à Berlin en vingt heures. Voilà toute la différence ! Ah ! il existe en Chine des Européens qui ne font pas tant de pose, et qui savent le Chinois comme pas un sinologue ne le saura jamais. Ce sont les missionnaires, Jésuites et Lazaristes ; ceux-là ne connaissent pas seulement la langue mandarine, telle qu'elle est parlée à Pékin, ils connaissent la plupart des dialectes de l'Empire. J'ai vu pour ma part un missionnaire, dont le nom est ignoré, qui sait, qui parle vingt-cinq dialectes de l'empire asiatique oriental. Les caractères chinois n'ont pas de secrets pour lui. C'est un Français : s'il venait à Paris, il ne serait certainement pas reçu à l'Institut des Inscriptions et Belles-Lettres.

Je me suis demandé avec inquiétude avant de prendre la plume quel était le parti que je devais choisir : ou dire la vérité, en attestant qu'il n'y a aucune difficulté à acquérir le chinois, pas plus qu'il n'y en a eu pour moi à apprendre le français ; ou bien confirmer l'opinion professée jusqu'ici que la langue mandarine est « la mer à boire », et qu'il faut s'accorder un brevet de forçat avant d'en entreprendre l'étude. J'ai hésité longtemps : je songeais aux déplaisirs que j'allais causer ; aux palmes vertes que j'allais décolorer ; des voix bienveillantes me disaient que c'était une mauvaise action que j'allais faire là, qu'il fallait attendre ; qu'il y avait d'augustes renommées consacrées par les suffrages de nombreux académiciens dont il était presque convenable de respecter les officielles médiocrités... Je me suis trouvé aux prises avec ma sincérité et ma délicatesse. Jadis Hercule, parvenu au carrefour que l'on sait éprouva les mêmes scrupules et tentations : il se décida, à regret sans doute, pour la vertu, mais enfin ce fut le chemin de la vertu qu'il choisit. J'ai suivi son exemple. J'en demande humblement pardon à tous les sinologues présents, passés et futurs.

J'avouerai cependant la raison qui m'a convaincu. Aujourd'hui l'Extrême-Orient est devenu la *Great attraction* du monde occidental. Nous sommes à la mode. Nous étions des poussahs il n'y a pas deux ans, des mangeurs de chiens, des barbares : aujourd'hui, ô merveille ! nous nous trouvons être des gens comme il faut ; non seulement on nous dépêche des diplomates, mais encore on nous bombarde, ce qui est, en fait de civilisation, le suprême du genre. On nous apprend la guerre, *terra marique;* la leçon a bien coûté un peu cher aux professeurs et aux disciples : mais comme le dit excellemment un poète moderne — il s'agit en effet de Virgile — *Quidquid delirant reges, plectuntur Achivi* : ce qui signifie, en chinois, que les contribuables paient les folies des ministres malavisés, un vers prophétique s'il en est un au monde ! Bref nous avons reçu une première initiation à la grande vie des luttes internationales, et moyennant cette simple formalité, nous sommes entrés dans le concert des nations civilisées. La Chine a reçu le baptême du sang.

Depuis que ces excellentes relations ont commencé, les rapports ont continué d'être ce qu'ils promettaient. Jamais nous n'avons eu autant d'amis, le monde entier nous fait « patte de velours » ; nous n'avions eu jusqu'alors que les Anglais; John Bull s'était habitué à notre climat, il dirigeait, sans concurrents, nos douanes et nos affaires extérieures; gagnait beaucoup d'argent, importait, exportait; c'était bien de tous les Extrêmes-Orientaux le plus heureux.

. . . .

Notre histoire contemporaine commence.

LETTRES FAMILIÈRES

EN BELGIQUE

IMPRESSIONS DE VOYAGE

C'est de Bruxelles que je t'écris, la capitale de la Belgique et des Belges. Ouvre ton atlas : tu verras au Nord de la France un petit pays situé entre la Hollande et l'Allemagne et qui semble être un département détaché de la France. C'est cependant un État indépendant, orné d'une constitution que l'Europe — qui s'y connaît — lui envie, et qu'on appelle dans le Gotha le royaume de Belgique, absolument comme s'il y avait un roi. Car on m'a assuré qu'il y avait un roi ; je l'ai même vu ; j'ai eu l'honneur de lui parler ; on l'appelle sire ; il a une Cour ; un maréchal du Palais ; il a aussi une reine. Il a tous les titres d'un Roi. Mais en réalité c'est un mikado de l'ancien régime, une sorte de Majesté théorique qui n'a été instituée que pour s'en imposer à elle-même, et dont le métier de roi a été aussi simplifié que possible. La puissance royale n'est plus en effet dans la plupart des États de l'Occident qu'une hypothèse, une quantité algébrique, qui de positive est devenue négative, et que, pour continuer mon image, *les radicaux* ont rendue imaginaire. En suivant bien l'histoire de ces deux derniers siècles, on voit les trônes descendre graduellement ; ce sont des fauteuils mécaniques à vis, qui peuvent s'élever ou s'abaisser à volonté ; il y a quelqu'un derrière le fauteuil qui tourne la vis, et les rois descendent. Ce quelqu'un c'est la démocratie, une altesse, tantôt prince, tantôt peuple, qui n'a pas de rivale. C'est elle qui pousse les rois à leur chute ; et, comme les rois ont imaginé de rendre la dignité royale inamovible, il arrive cette étonnante chose qu'on peut, dans le monde, se faire présenter à un roi. Dans certains salons on rencontre des rois détrônés et des prétendants, qui ont tous des airs de Majesté. Le jour de l'inauguration de l'Opéra, un écrivain, voulant exprimer que la salle était extrêmement brillante, a dit qu'il y avait un parterre de Rois ! et c'était vraï à la lettre. Mais il eût pu ajouter que c'étaient des rois *par terre*. La langue française l'autorisait à prendre cette tournure. Ce sont d'étranges choses. Je comprends, et toi aussi, qu'on supprime un roi, si la mesure est devenue nécessaire ; ou que le roi, par délicatesse, décrète son apothéose. Mais un roi en exil, un roi en retraite, qu'en penses-tu? Un ex-roi? On dirait chez nous qu'il s'est sauvé, et on courrait après lui; mais ici, c'est assez bien porté. Ces monarques de salons ont même des courtisans, comme s'ils pouvaient encore distribuer des faveurs. La fidélité n'y est pour rien cependant. « Faire sa cour » est un instinct très cher aux Occidentaux; les gens qui ne peuvent pas être quelque chose se consolent en donnant du « Monseigneur » à certains ex-princes; plus ils s'abaissent, plus ils s'estiment haut; ils s'honorent en *servant*. Je n'ai jamais pu comprendre ces non-sens. Un roi n'est roi qu'au milieu de sa Cour, occupant avec majesté le trône de ses ancêtres, et salué par les acclamations de son peuple. Un roi qui n'est pas tombé en même temps que sa couronne, prouve simplement que l'honneur était moins cher à ses yeux que la vie, et qu'il avait placé des fonds... à l'étranger. Est-ce que tu te fais une idée de ces faiblesses... royales? J'ai assisté à une soirée où il y avait une ex-reine d'Espagne, deux ex-rois d'Espagne, un prétendant qui se dit roi d'Espagne; et tous ces princes se faisaient mille politesses. Songe qu'il y a un autre roi d'Espagne, à Madrid, qui n'est pas encore ex!

Ce qu'il y a de très curieux c'est que quelques-uns de ces rois, très légitimement possesseurs de leur trône, ont été chassés de leurs États par un autre roi voisin, qui désirait se constituer en Unité, — l'invasion des Uns! Les imprudents qui exaltent le droit Divin et qui renversent les rois. Ils auraient dû au moins se respecter entre eux; ne te semble-t-il pas que c'était raisonnable? Le pouvoir royal doit toujours rester mystérieux et inviolable. Les anciens faisaient disparaître les cadavres des rois et annonçaient au peuple qu'ils étaient montés au Ciel. C'était le vrai système; et c'était le bon temps. Enfin, heureusement que nous sommes chinois.

En attendant, médite mes impressions de voyage; fais-les lire à nos amis; nous ne voyons de là-bas que la splendeur des reflets; tout est beau au soleil; mais, que de femmes, le soir, au bal masqué, sous l'éclat des lustres, paraissent vingt ans par la taille, et qui, de plus près, dans le tête-à-tête, après le saut du loup, n'abandonnent à vos mains désespérées que des charmes... démodés d'ex-femmes! C'est encore plus triste que d'ex-Rois! Je t'assure, mon pauvre ami, qu'on est souvent bien trompé! Et le champagne coûte le même prix!

Je compte rester à Bruxelles tout l'hiver. Mon chef paraît s'y plaire. Je le soupçonne, entre nous, assez épris de la Constitution, une passion bien malheureuse pour ses secrétaires. J'ai vu un petit livre sur sa table, qui contient des *titres* et des *arti-*

cles, et qu'il paraît travailler laborieusement... en dormant. Il m'a parlé hier de l'administration communale et du Collège échevinal. Il n'y a plus à douter : c'est la Constitution. Au moins en France, nous étions tranquilles ; car il n'y avait rien compris. Je crois qu'on lui avait donné une vieille Constitution, je ne sais plus laquelle. Mais ici, il n'y a pas d'erreur possible ; elle fonctionne la Constitution, admirablement, savez-vous, disent les Belges !

En Belgique, on appelle les Français les Fransquillons, un mot que tu ne trouveras pas dans le dictionnaire, mais que je vais te faire comprendre. Dans sa formation il représente un diminutif ; on dit de même un oisillon pour signifier un petit oiseau. Ce terme de Fransquillon équivaut donc à celui de « petit Français », avec une pointe de mépris. Les Belges ont une prédilection marquée pour les mots qui ne se trouvent pas dans le *Dictionnaire de l'Académie française ;* ils parlent cependant une langue qu'ils appelleut encore française, par habitude, mais qui a adopté des formes particulières, bizarres autant qu'imprévues. C'est une langue qui est française de temps en temps, la langue fransquillonne, si tu veux.

Petit Français ou Fransquillon, en Belge, est directement opposé à grand Français ou Français, en langue de Paris. Bruxelles rapetisse Paris. Ce n'est pas de la rivalité, c'est du dénigrement; on met son esprit à taper — lourdement — sur le Fransquillon, et en passant sur la France. C'est de mode. Le bon goût, dans la société dite distinguée, s'il s'y rencontre des Français, est de parler des revers de 1870. On vous montre du pain du siège, soigneusement conservé sous un globe; des éclats d'obus prussiens ramassés sur le champ de bataille de Sedan: c'est un rien, mais c'est charmant! Puis des caricatures bêtes rappelant des événements que l'histoire recouvrira d'un voile, l'abandon de l'Impératrice des Français, par exemple. On cause de tout cela avec aisance, d'un air aimable, sans passion. On n'a même pas le droit de s'en fâcher. C'est si peu de chose la France, en Brabant!

Cependant que serait Bruxelles sans Paris et les Parisiens! Les Belges qui aiment les plaisirs courraient grand risque de mourir d'ennui, s'ils n'avaient pas cette mine inépuisable de gaîté et de bonne humeur qui s'appelle l'esprit français. Aux vitrines des librairies on expose tous les livres parus la veille chez Calmann-Lévy et chez Dentu. Les journaux de Paris sont la providence quotidienne des feuilles bruxelloises, et les échos de Paris et du boulevard des Italiens sont bien plus intéressants que ce qui se passe sur le boulevard Anspach ou dans les Galeries. On se précipite sur le *Figaro*, trop lent à venir, et l'*Univers* a plus de lecteurs que le *Courrier de Bruxelles*. Quant aux théâtres, ce sont les pièces françaises qui y sont représentées : tous les grands succès de Paris reviennent à Bruxelles, en seconde lecture ; la grande Cité, dont on se moque, fournit journellement à son ingrate voisine, ses mots, ses livres, ses comédies, ses opéras, ses tableaux, toutes les créations de son génie et de son goût, et la France verse à flots dans son grand verre, toujours vide, le Champagne, le Bourgogne et le Bordeaux, c'est-à-dire ses meilleurs vins.

Et ce n'est pas tout ! T'imagines-tu que ce peuple belge n'est peuple et n'est Belge que grâce à la France ? Un fier service ! Mais il n'y a pas que les Français qui ne s'en souviennent plus, et Anvers délivré n'a plus le don d'émouvoir les contemporains. Pourtant des soldats français ont donné leur vie généreusement pour repousser les oppresseurs, les Hollandais, et conquérir la liberté. Jours de gloire et de fraternité ! De quelles acclamations le nom de la France était salué alors, et avec quel enthousiasme Bruxelles arborait ses trois couleurs, symbole de sa délivrance ! mais ce temps est oublié ; les Belges pratiquent la reconnaissance à l'italienne ou à l'anglaise : tu as le choix.

Je ne me déplais pas ici : j'y fais des observations précieuses. Vu d'un certain point de vue, ce monde appartient à la comédie : tout est comique.

Vous entendez causer de modes, de romans, d'opérettes, d'actrices, de journaux, d'académie, d'éloquence, de diplomatie, de stratégie militaire même, le plus naturellement du monde. Ils parlent de leurs modes, de leur armée, de leur réserve, de leurs actrices! c'est incroyable! Leurs modes et leurs actrices viennent de Paris; leur armée, elle est neutre, c'est-à-dire qu'elle a des fusils qui ne doivent pas être chargés. Il y a cependant des généraux belges... célèbres. Je connais une grande dame de la cour qui, au palais, dans un dîner, se trouva placée à côté d'un général belge dont le sabre était extrêmement gênant — et comme l'homme de guerre s'excusait: « Ne vous mettez pas en peine, lui dit la spirituelle dame, il ne coupe pas. » A quoi sert l'armée belge? tout le monde en Belgique se le demande. Il y a bien quelquefois des grèves, mais si rarement! Elles comptent comme campagne. On m'a cité un général... célèbre, qui, allant en guerre contre des grévistes du pays de Charleroi, déclara dans une proclamation restée fameuse qu'il était prêt à « verser son sang ». C'est aussi beau que l'antique! Mais enfin je ne te résous pas la question: à quoi sert cette armée fantastique de cent mille hommes qui coûte aussi cher que si la Belgique devait un jour marcher contre des ennemis puissants? La Belgique est un Etat « neutre », c'est-à-dire que la guerre ne le regarde pas, et un peuple quelconque viendrait à violer — c'est l'expression — son territoire qu'il serait en contravention contre la loi. En d'autres termes le territoire belge est garanti. Alors on ne comprend plus. Suppose même, si tu veux, que la Belgique ne jouisse pas de ces immunités : car au fond un traité n'a guère plus de valeur qu'un billet de Ninon ; suppose que ce soit un Etat susceptible d'être envahi comme un simple petit Danemark ; tu me comprends : il y a à l'Est un gros voisin qui a un fort appétit et qui ne ferait qu'une bouchée de l'armée belge, dans le cas non prévu par les diplomates où la Belgique deviendrait une tentation irrésistible. Alors l'armée belge anéantie, il est assez logique de se demander s'il était vraiment utile d'inscrire au budget un aussi grand nombre de millions. A quoi bon ? Ne vaudrait-il pas mieux avoir quelques bons régiments de gendarmes pour protéger les braves gens contre les attaques audacieuses des voleurs, et de répartir dans des caisses d'épargne, quelques-uns de ces millions gaspillés stupidement dans un but chimérique ? Ne serait-ce pas alors seulement que le peuple belge aurait le droit de se dire le plus heureux des peuples ? Et n'est-ce pas réellement une calamité publique que cette conscription odieuse qui prend les jeunes gens de vingt ans, à l'âge où ils doivent remplir les devoirs de la piété filiale, pour les livrer aux travaux inutiles de la caserne, où ils n'apprennent aucun métier, où ils se corrompent le plus souvent, et d'où ils sortent avec des habitudes de paresse dont ils se ressentent toute la vie? N'est-ce pas aussi d'un funeste exemple de voir l'enfant du riche dispensé de cet impôt tyrannique, parce qu'il aura suffi à sa famille de verser une poignée d'or dans les caisses de l'Etat! Ce seul fait, si j'étais Belge me rendrait socialiste. Mais l'Angleterre sauterait comme une cartouche de dynamite, si jamais le nom maudit de conscription y était prononcé! C'est que dans ce pays chacun y estime *sa liberté*, et qu'on se moque bien de la liberté. Tous ces amateurs de libertés ont le don de m'indigner. Ils crient bien haut: Vive la liberté! les laisse-t-on crier, les voilà satisfaits. Les empêche-t-on de crier: ils sont capables de faire des révolutions. Mais les voir réclamer un *droit*, une *liberté* particulière, quelque chose qui ajoute à *son* bien-être, jamais. Il leur faut la liberté, une formule idéale! Les Anglais sont plus pratiques; ils demandent tout simplement un droit, celui qu'ils n'ont pas, ou l'abrogation d'une loi qui les gêne. Il faut que ce qu'ils veulent serve, soit utile, et que chacun y trouve son compte. Voilà de la vraie politique.

C'est, je t'assure, une grande illusion de supposer que ce peuple est plus libre qu'un autre. Il pourrait l'être, il lui suffirait de le vouloir, légalement, dans ses votes; mais il ne le veut pas; peut être n'y pense-t-il pas. La Belgique devrait être, constituée comme elle l'est, un Etat modèle; et son bonheur imposerait assurément plus de respect que les fusils de ses soldats; car l'amour d'un peuple pour ses libertés est le plus sûr garant de son indépendance. Les conquérants ne sont pas si empressés qu'on le croit à faire les tyrans, lorsque la liberté n'est pas un fantôme, mais parle et agit; c'est un mauvais adversaire qui porte malheur aux couronnes les plus hautes : l'histoire s'en souvient.

Le seul privilège que puisse désirer posséder un peuple qui n'est pas une grande puissance, c'est d'être libre, c'est-à-dire de disposer de soi, absolument, sans être exposé à subir les charges qui pèsent sur les grands Etats. La gloire se paye. C'est justement le cas de la Belgique, elle joue au soldat, brûle de la poudre, fait tonner ses canons d'acier, afin que le voisin soit bien convaincu que ce peuple a des vertus guerrières et qu'il ferait un excellent corps d'armée dans une confédération quelconque. Ce n'est pas très fort.

Les petits pays devraient faire comme la Suisse; une simple administration avec un président élu. La Belgique s'est offert le luxe d'un roi, qui, n'ayant rien à faire comme roi, s'est mis à porter un sabre et à commander une armée. Il lui a fallu ensuite des fortifications autour d'Anvers pour servir de rampart à la dynastie. Ce sont de inutilités. Un monsieur en habit noir et « pas de soldats » feraient bien mieux l'affaire des Belges. N'es-tu pas de mon avis? Il me semble que si j'étais Belge j'aurais peur de ces traîneurs de sabre, et de ces princes sans emploi dont on ne connaît pas les alliances secrètes. Les rois ne sont bons que lorsqu'ils ont le pouvoir royal; autrement ce sont des parasites qui appauvrissent la nation, alors qu'il existe tant de misères à soulager, tant d'institutions utiles à secourir, tant d'occasions de faire le bien.

De Bruxelles.

La société française que je t'ai dépeinte est très fière de sa qualité de française; c'est peut-être la seule noblesse à laquelle elle soit restée fidèle. En France la classe noble tient encore à ses titres et à ses parchemins; on est indulgent, mais on connaît la valeur des familles. Quoique l'Etat ne crée plus de nobles, les Français — certains Français — trouvent cependant le moyen de le devenir. On observe le même travers en Belgique.

Les nouveaux nobles sont toujours un peu ridicules, même quand ils ont beaucoup d'argent. Une comtesse toute neuve est une curiosité qu'il faut avoir vue. Il y a une certaine habitude de porter la couronne qui ne s'acquiert qu'avec les siècles; tu comprends alors que c'est gênant; et le malheur, c'est que c'est une couronne qui ne vous quitte jamais, on devient comte et comtesse même pour soi et on est convaincu qu'on est noble, autant qu'un comte de Gascogne ou un descendant des Croisés. On est même plus prétentieux parce qu'on se sent une dignité d'ancêtre; on a l'orgueil d'une souche.

Quand ces acquéreurs de titres ont l'imprudence de se hisser dans les parages où brille la noblesse que parent des siècles de souvenirs et de gloires, il leur faut de l'aplomb pour rester debout. Ils ont généralement de l'audace; ils s'accrochent à toutes les branches... et nous sommes ces branches : nous sommes la providence des souches. Tu comprends que mes scrupules ne sont pas assez exagérés pour me faire prendre ce rôle en dédain; d'autant que ces souches reçoivent confortablement, trop même. Ils reçoivent avec reconnaissance, et j'ai éprouvé combien il est vrai de dire qu'un bienfait n'est jamais perdu. Nous allons assez souvent chez une comtesse qui n'a que sept à huit années de couronne c'est peu, quoiqu'elle ait été payée un bon prix. Une bonne couronne doit avoir au moins de cinq à six cents ans de date. Mais je te l'ai dit, je n'ai pas de scrupules. Je me rencontre là du reste en pays de connaissances avec des Péruviens et des Chiliens, un Espagnol, deux Turcs, un Egyptien, mes collègues de Chine; il n'y a pas de Japonais de dictinction à Bruxelles; mais nous aurons bientôt quelques républiques de l'Equateur. Et l'on s'amuse; on mange; on crie très haut, on raconte à la comtesse les bruits mystérieux qui circulent dans les chancelleries. Il y a surtout un Chilien qui est étonnant; il connaît tout. Il a des gros yeux chiliens et une grosse voix; un teint extraordinairement brun, de grosses mains rouges, un colosse! Il a la spécialité des rires sonores, et comme il est de noblesse chilienne très authentique et très ancienne, il fait les délices de la comtesse qui s'y connaît. Il a fait décorer son mari, le comte, de tous les ordres de son continent; c'était bien le moins. Nous n'avons pas voulu rester en arrière, et nous avons apporté chacun notre diplôme; c'était gentil? A l'heure qu'il est le comte a déjà treize ordres, dont trois grands-croix. Il n'y a que le Medjidié qui se soit fait prier; mais pour soutenir la dignité de nos amis, nous nous sommes cotisés, et la plaque est arrivée franco. J'en ai commandé une pour toi en même temps. J'ai pensé que cela te serait agréable; tu la porteras si tu veux. Cela impose beaucoup aux domestiques. Un homme à plaque et à brochette est quelque chose. Il est regardé; on a l'air de connaître des souve rains, et cela vous oblige à prendre de la dignité.

La Société française ne reconnaît qu'une seule noblesse, la sienne. Elle tient cependant en haute estime la noblesse anglaise qui est excessivement bien conservée, et qui impose le respect. La noblesse anglaise est avant tout anglaise; un gentilhomme français est avant tout un gentilhomme. Ceux-ci ont perdu leurs privilèges, ceux-là les ont gardés. Il est bon de savoir comment. Les gentilshommes français, courtisans des rois, ont toujours été joués par les rois; ils les ont aidés dans leurs entreprises contre le peuple qui s'est ensuite vengé sur eux de leur impolitique complicité. Les nobles anglais se sont toujours mis du côté du peuple contre le souverain; ce qui me semble autrement fort. En France les énormités s'observent d'autant plus facilement que l'esprit et la science y sont en grand honneur; or, il est acquis qu'il n'y a que les gens d'esprit qui font des sottises. On peut même juger de l'esprit d'un peuple par les sottises qu'il a faites : c'est sans doute la raison pour laquelle on dit que le peuple français est le peuple le plus spirituel de l'Univers.

La noblesse qui vit en Belgique, nous l'appellerons, si tu veux, la noblesse belge, est très aristocratique; elle est fière, et maintient l'esprit de corps à la hauteur d'un principe. Cela paraît excessif, parce que le pays est constitué en démocratie.

Si la noblesse ne forme pas un corps dans l'État, elle n'est rien. Si elle ne peut pas avoir une influence, elle n'est rien. Un État démocratique où se perpétue un esprit de caste exclusif n'a pas de garanties sérieuses d'avenir. Les petites rivalités gêneront les grandes.

Les titres de noblesse sont d'origines très diverses : il y a des titres français, des titres espagnols, des titres du Saint-Empire, des titres hollandais, et enfin des titres belges ; mais ces derniers sont très rares et n'auront de valeur que plus tard. Dans tous les cas, la noblesse n'est pas la Cour, comme nous nous l'imaginons souvent. Autrefois la noblesse constituait la Cour ; elle était la garde d'honneur du roi.

C'était une académie où entraient toutes les grandeurs et où se conservait la distinction, cette urbanité choisie, presque cherchée, qui s'est appelée la courtoisie ; une merveilleuse chose qui se perd : car il n'y a plus de Cour. « Aller à la Cour » est synonyme « d'aller au théâtre ». Je crois même que dans certains théâtres le public est moins « mêlé ». Pour te citer des faits, il m'est arrivé de rencontrer, au dernier bal donné par le roi, mon tailleur. Tu dois être bien surpris ? cependant c'était lui-même, en invité. Je causais avec l'attaché militaire d'Allemagne quand je me sentis tout à coup tiré par le pan de mon habit. Je me retourne .. assez intrigué : c'était mon tailleur en uniforme d'officier de la garde civique. Voilà à quoi on est exposé! Que veux-tu? J'ai été obligé de le présenter à l'attaché militaire d'Allemagne, et comme mon habit est d'excellente coupe, mon ami l'attaché militaire lui a adressé des félicitations. Quel monde renversé! Le roi, un duc de Saxe; la reine, une archiduchesse d'Autriche, condamnés à recevoir à la Cour ces gens-là! O splendeurs des Constitutions! Il n'y a plus personne à sa place!

Tu me répondras qu'il faut bien se gêner un peu si en compensation on a la Constitution belge. Mon pauvre ami, elle est belge, c'est vrai; mais elle ne constitue pas grand'chose. Le jeu des institutions n'est pas plus moral pour cela et c'est une roulette indigne auprès de laquelle celle de Monaco est peu de chose. Ici l'électeur vend publiquement son bulletin de vote; les journées d'élection sont de véritables saturnales. Les partis en présence se huent et se battent; on se hait, on se méprise, et les pauvres malheureux candidats qui se laissent pousser jusqu'à la plateforme électorale, sous prétexte d'art oratoire, savent ce que « coûte » une élection. Le mandat de député s'achète et très cher, sans compter les blessures qu'il cause.

Pour battre son adversaire tous les moyens sont bons; on exhumera des souvenirs vieux de cinquante ans; on racontera tout au long les misères intimes de la famille; on cherchera dans la vie privée de tous ses membres, des morts comme des vivants; inquisition honteuse qui livre aux risées de la foule les douleurs muettes patiemment supportées, et cloue au pilori du mépris public des souvenirs qui saignent le cœur. Et il faut marcher la tête haute et l'âme joyeuse dans ce tas de boue; il faut serrer la main « loyale » de gens qu'on vient d'acheter et de solder et qui la veille débitaient des infamies. Il faut aller dans les offices de journaux acheter le silence d'un maître chanteur et lui compter en espèces sonores, ayant cours, ses apaisements; il faut jouer cette navrante comédie sans se plaindre! Et quand l'élection est enfin faite et la majorité conquise tu crois peut-être que c'est fini? Les électeurs ne lâchent pas aussi facilement leur proie. Ils se retrouvent à l'estaminet; les verres s'entrechoquent; on s'anime, on s'excite, et quand l'alcool est au dégré voulu, on s'en va manifester chez le vaincu et chez ses partisans. On casse les vitres; on hurle les mépris arrogants de la victoire... Derrière les persiennes fermées, les femmes pleurent et les enfants frémissent. O sainte liberté!

Eh bien! on appelle cela en Belgique avoir des vertus politiques. Comprends si tu peux.

EN ANGLETERRE

On se figure généralement que l'Angleterre est le pays privilégié de l'aisance, du bien-être ou confortable, et de la fortune; que chacun y a sa part de soleil et de bonheur, et que rien n'est plus parfait que l'organisation de la société en Angleterre. C'est une erreur qu'un séjour de quelques mois suffit à reconnaître; et, malgré la coquetterie de l'Anglais à dissimuler sa gêne pour donner à John Bull l'embonpoint de la prospérité, il n'est pas très difficile d'apprécier au juste la valeur de cette fausse monnaie et de conclure qu'il y a des peuples plus heureux que les Anglais.

Je ne sais pas pourquoi il s'est fait sur le continent une opinion aussi extravagante de la richesse des Anglais. Qu'un lord, voyageant avec sa maison, transporte le luxe métallique de ses *souverains* des bords brumeux de la Tamise aux rivages ensoleillés de la Méditerranée, et jette l'or à pleine main, il n'y a là qu'un fait exceptionnel. Tous les Anglais ne sont pas des lords. Il est remarquable que dès qu'un Anglais se présente au perron d'un hotel il y est accueilli avec une déférence particulière; c'est un empressement capable de définir le sens du mot servitude. Lui reçoit sans sourciller tous ces coups d'encensoir avec la volupté du parvenu; il se dresse dans sa jaquette serrée, comme un artiste de cirque; sa face joufflue, rouge, épanouie, est impassible. Derrière lui s'avancent dans un ordre correct une lady, solidement empaquettée dans un imperméable qui ne laisse paraître que le bout de ses pieds plats; puis les boys, les petites misses, le dog, les bagages, les domestiques et le courrier. Toute cette smala monte silencieusement les marches du grand escalier, et chacun se renferme dans sa chambre. Ces gens-là sont considérés comme des rois.

L'Anglais en voyage emporte avec lui l'orgueil britannique : s'il n'a pas l'air de s'amuser, il représente l'Angleterre et cela seul est son plaisir.

L'Anglais qui ne voyage pas est tout différent. Il reste chez lui et tâche d'y être le mieux qu'il peut. Mais qu'il soit riche ou qu'il soit pauvre, il est toujours un sujet britannique, et c'est là une dignité qu'il n'abdique jamais.

Les Anglais vivent chacun dans leur maison. Londres est une agglomération de petites cahutes plus ou moins élégantes, d'une grande propreté extérieure, et qui s'étendent à de grandes distances de la Cité. Toutes ces habitations se ressemblent : qui en a vu une les connaît toutes. Elles sont bâties en briques et n'ont généralement qu'un seul étage. Au rez-de-chaussée deux ou trois pièces, l'office, la cuisine, la buanderie et un petit jardin ;

au premier étage, trois ou quatre chambres et une salle de bain. Le gaz et l'eau dans toutes les pièces. La façade de ces petites maisons est le plus souvent agréable à considérer. Les vitrages sont très soignés, ornés de fleurs et souvent parés de rideaux élégants. Quelquefois aussi un frais gazon entouré de plantes choisies est entretenu sur le devant de la maison ; quelques arbustes y donnent de l'ombre, et tout cet ensemble a un air d'aisance qui charme à première vue. Vous pouvez, partant du pont de Londres, marcher dans une même direction toute une journée sans rencontrer la dernière maison. Londres est un monde, une multitude de toits sous lesquels vivent cinq millions d'habitants. A vrai dire cette immense cité est d'aspect assez monotone. Dès que vous avez quitté les quartiers où se tient le commerce et où les étrangers abondent, c'est-à-dire le quartier des théâtres et des hôtels, vous apercevez des avenues sans fin, bordées de maisons construites toutes sur le même modèle, et il faut quelquefois marcher bien longtemps avant de trouver une boutique. Toutes ces habitations sont desservies par des commerçants qui s'établissent de distance en distance. Ce sont comme des relais où on se procure tout ce qui est nécessaire à l'existence. Les magasins sont généralement coquets, bien approvisionnés ; et le soir, à la lumière éclatante de leur mille lumières, ils sont très agréables à voir. C'est l'habitude des ménagères de faire leurs provisions le soir, et jusqu'à dix heures, c'est un tumulte indescriptible. Cela ressemble autant à un marché qu'à une foire. Les joueurs d'orgue ne manquent pas à la fête, et l'on peut se faire assez difficilement une idée de cette agitation, au milieu des cris des marchands, du bourdonnement de la foule et des valses des pianos mécaniques. A cinq minutes de là, c'est le silence et l'obscurité.

Les quartiers de Londres sont différents d'aspect, selon qu'on se dirige à l'est ou à l'ouest. L'ouest désigné sous le nom de Westend est le quartier fashionnable. Les habitations sont de splendides villas environnées de parcs admirablement soignés, ombragés par de grands arbres dont le vert feuillage donne à cette partie de la ville un air de campagne très pittoresque.

A mesure qu'on s'éloigne en remontant vers la Tamise, la végétation devient plus luxuriante. Vous touchez à Richemond, cette patrie des rois exilés, et un peu plus loin au domaine royal de Windsor. La vie des grands est la même partout ; le luxe, sous sa forme la plus abstraite, consiste à ne pouvoir rien désirer. Cette manière de vivre n'est même pas intéressante pour ceux qui en font leur ordinaire. Ce n'est pas la peine d'en parler. Les riches ont de superbes voitures et des chevaux magnifiques; ils vont à la Cour pendant la *season*, et le reste du temps promènent leur ennui dans leurs villas, au bord de la mer, ou dans leurs châteaux, au milieu de leurs fermes. Il en est qui possèdent des yatchs sur lesquels ils voyagent lorsque les vents sont paisibles. Sur terre et sur mer on les traite en seigneurs, et le peuple plein de respect pour leurs banknotes consent à rester pauvre pourvu qu'il vante l'opulence de ses lords. Il n'y a vraiment que les pauvres, en Angleterre, qui possèdent quelque originalité.

La classe riche ne constitue pas la nation. Entre la noblesse et les artisans il y a une classe intermédiaire qui s'appelle la gentilité. Ce n'est pas la bourgeoisie; c'est une sorte de noblesse de second ordre qui reçoit les égards des grands et les hommages des petits, qui vit avec aisance et dans les rangs de laquelle se recrutent tous les dignitaires des professions libérales.

La gentilité n'est pas bourgeoise. Le gentleman et la lady ne sont pas des bourgeois. Il existe entre ces divers termes des différences qui peuvent être appréciées par ceux qui savent en distinguer une entre un conseiller à la Cour et un juge au tribunal, ou bien entre un avocat et un avoué. Ce sont des distinctions assez subtiles, mais qui n'en existent pas moins.

La gentilité ne cesse pas avec la fortune. « Être d'une bonne famille » est toujours une qualité, un honneur, un moyen de parvenir. Quand on est d'une bonne famille on est inscrit avec ses noms et prénoms dans un dictionnaire spécial, et ce livre on le trouve partout. C'est le Botin des gens de bonne famille, ou le Gotha de la gentilité. J'approuve cet usage. A quoi sert-il, en effet, de servir avec honneur son pays et de mériter la chevalerie si le souvenir ne s'en perpétue pas chez nos descendants et au milieu de leurs contemporains ? Il y a de loyaux services rendus au pays qui sont dignes d'être récompensés, et ce sont précisément ces récompenses qui constituent la gentilité. En France, le ruban rouge ne confère aucune *qualité* héréditaire. Être le petit-fils d'un homme décoré est un titre nul. Les Anglais aiment mieux ce qui dure que ce qui passe. Ils ne portent pas de ruban ; ils se contentent du titre et de l'inscription sur les régistres de la gentilité, ce qui leur permet à eux et à leurs enfants d'être « de bonne famille ». Quand on vient à parler de ces usages en France, on vous objecte toujours qu'ils sont contraires aux principes démocratiques sur lesquels la société française est fondée. J'avoue n'avoir jamais pu comprendre ces arguties ; car je trouve qu'il est très démocratique de perpétuer le souvenir des services rendus. Si l'on faisait encore des nobles, en France, il resterait bien peu de démocrates ; ils ne sont pas sérieux.

Considérée dans les détails de son organisation sociale, l'Angleterre est un pays à part qui n'a aucun point de ressemblance avec les autres nations du continent. Elle est avant tout anglaise, c'est-à-dire... anglaise. Cela ne se définit pas. Elle est *sui generis*. La machine est solidement construite, et assez bien boulonnée pour résister aux pressions les plus hautes. Elle a du reste des soupapes de sureté, et d'habiles mécaniciens. Elle a des mines de fer et du charbon, autant qu'elle en veut. Elle laisse faire à chacun ce qui lui plaît, pourvu qu'il se découvre lorsque la reine passe et qu'il chante le *God save the Queen*. J'admire ce « socialisme ».

Cependant le peuple est-il heureux? *That is the question*. Les heureux disent que non — c'est original! — et se plaignent amèrement de la misère sociale. Ils soupirent, même quand ils ont trop mangé, ce qui leur arrive toutes les fois qu'ils sortent de table. Les autres, ceux qui ne sont pas heureux, se consolent sur le comptoir des *Public Houses*. Sans le *Gin* et le *Wisky*, il y a beau temps que les lords auraient vu des nouveautés! L'alcoolisme absolu est le lord protecteur de tous ces petits despotes, et ils le savent bien. En réalité le peuple meurt de faim, mais il boit : donc il est heureux.

LE PARLEMENTARISME JUGÉ PAR LE MANDARIN

Je t'envoie les principaux ouvrages qui m'ont été recommandés sur l'Angleterre et les Anglais. Je les ai lus pour la plupart sans grand profit. C'est le défaut général des livres ; ils n'apprennent pas grand chose. Un livre nouveau n'a de vraiment nouveau que l'espoir d'y trouver... ce qu'on cherche. L'idéal du livre est la pensée même du lecteur. Si le lecteur reconnaît ses propres impressions dans celles qui lui sont présentées, le livre est parfait : il était utile. Je ne comprends le noble métier d'écrivain ou de littérateur que s'il a pour mission de révéler des impressions ressenties.

Rien n'est curieux à observer comme le lecteur. Le livre nouveau est d'avance un intrus, un étranger ; on ne l'ouvre qu'après de nombreuses hésitations. Il semble qu'il y ait entre le lecteur et le livre un dialogue de présentation, derrière la porte entre-bâillée. Le plus souvent le volume se présente avec coquetterie ; c'est *un exemplaire;* il est bien mis ; il a une certaine distinction de bon aloi ; le caractère est net, la ligne claire, le papier satiné est agréable au toucher, les pages se tournent aisément, et quand on le tient dans la main, il se laisse étreindre avec une sorte de volupté. Cependant on ne l'ouvre qu'avec défiance; on l'essaie. A ce moment, le lecteur est déjà influencé; il a subi l'ascendant du costume. Il lit d'abord quelques pages d'un air distrait; puis un certain soir, s'il pleut, et que le « chez soi » ait quelques charmes, on se décide à lire le livre, surtout si les journaux en ont fait l'éloge. L'opinion du premier venu — c'est quelquefois même l'opinion de l'auteur en personne — est d'un effet irrésistible. La presse a parlé ! Cette grande abondance de livres a pour moi cet inconvénient grave qu'il fait oublier les œuvres qu'il faut lire. Le livre précieux devient un délaissé; on n'en parle même plus. Il résulte de ces lectures d'aventure une confusion assez semblable à celle qui règne dans les sous-sols d'un éditeur : l'esprit est bondé d'exemplaires qui moisissent.

Tu ne trouveras donc dans ces livres que peu de résultats. Lis-les cependant; ils ont déjà le mérite d'être bien écrits. Ils t'apprendront certainement beaucoup de choses que tu ne connaissais pas, mais qui ne t'intéresseront pas par ce seul motif. Je n'aime que les livres qui m'apprennent ce que je sais. C'est un plaisir original, je l'avoue; mais, si je suis Chinois, il faut bien que je m'en ressente.

Tu liras avec une attention spéciale les ouvrages qui traitent de l'organisation politique et administrative de l'Angleterre, et tu te convaincras que c'est une admirable théorie. Tu entreras à la Chambre des communes avec les souvenirs de l'histoire ; mais il te manquera d'entendre les discussions. Tu ne verras pas. C'est ce spectacle seul qui nous intéresse. Car cette manière de régner « tout haut » qui constitue le régime parlementaire et dont nous admettons l'excellence « en principe » n'est appréciable que par l'expérience qu'on en peut faire. Il faut savoir profiter des Parlements des autres. Ne nous hâtons pas de conclure ; admirons la splendeur des grandes lignes qui dessinent le monument; vantons, tant que nous le pourrons, l'habileté des pouvoirs qui se font contrepoids et qui opposent aux ardeurs des uns les sages réflexions des autres : mais laissons à tous ces équilibristes leurs audaces et leurs témérités.

Je ne crois pas au peuple souverain, moins que jamais; ce sont les parlements qui ont créé les oppositions. Du choc des idées, dit un proverbe naïf, jaillit la lumière; mais quelle lumière? celle qui précède l'explosion.

S'imaginer que des hommes, sous le vain prétexte qu'ils ont été élus, vont pouvoir par la discussion libre, administrer un Etat mieux que ne le feraient un roi et ses ministres, sous la sauvegarde d'une constitution, c'est à mon avis la plus claire des erreurs. Qu'est-ce qui gouverne en Angleterre? le gouvernement? Non : c'est le meeting, c'est l'assemblée publique. C'est un fait grave que la politique soit soumise au contrôle d'une foule excitée par des envieux, et que cette foule ait force de roi! c'est aussi un danger : car c'est la discorde en permanence.

Cette puissance qui s'interpose entre le gouvernement et les lois, je te l'ai déjà nommée : c'est la démocratie, un torrent de passions que tous les hommes d'Etat anglais ont cherché à endiguer et qu'ils n'ont réussi à contenir que par les concessions. Les ambassadeurs de cette Majesté sont reçus en audience par le premier ministre; ils demandent, ils exigent, ils obtiennent. Gouverner en Angleterre ne consiste qu'en ceci : négocier avec la démocratie.

Il est des habiles qui ont imaginé « l'esprit « démocratique », comme un moyen terme. Cet esprit, qui en a beaucoup, s'ingénie à contrefaire le démocrate. Mais la démocratie n'aime pas les courtisans ; elle est en toutes choses positive : elle n'admet que ses actes ; elle n'imite aucun système : elle est vraie, identique. Elle s'est communiqué une sorte de mouvement naturel qui peut bien ralentir sa marche, mais qui ne pourrait pas s'arrêter. L'obstacle qui aurait la prétention de s'opposer à cette « poussée » serait pulvérisé comme verre. La seule habileté des défenseurs de l'ancien état constitutionnel est donc de faire alliance avec ces nouvelles forces sociales ; avec beaucoup d'esprit démocratique, il sera peut être possible de retarder l'avènement au pouvoir de la démocratie ; mais elle viendra.

L'Angleterre a inventé des compagnies d'assurances contre tous les risques ; mais contre celui-là il n'en existe pas. On ne peut se sauver de la démocratie qu'en se démocratisant. Un gentleman, ai-je lu dans un journal amusant, faisait une promenade dans la campagne, sur ses terres. Il est tout à coup accosté par un individu de mauvaise mine qui lui demande très sérieusement la bourse ou la vie—une vieille devise autrefois pratiquée par les brigands bien élevés. — Que penses-tu qu'ait répondu le gentleman ? Il avait de l'esprit : « tiens ! j'allais justement t'adresser la même question, dit-il; » et les deux brigands se tendirent la main. L'anecdote est plaisante ; mais réfléchis que le brigand ne pouvait pas se faire gentleman aussi facilement que celui-ci se fit brigand ; et pour protéger sa bourse et sa vie il dut rester brigand. C'était la seule manière de se tirer d'embarras. L'Angleterre sera ou ne sera pas, selon qu'elle aura la démocratie pour alliée ou pour adversaire.

Les livres ne te diront pas ces choses, par ce que, encore une fois, les livres veulent toujours apprendre ce qu'on ne connaît pas. Je préfère être informé sur ce que je sais, sur ce que j'ai vu ; je n'en serai que mieux imformé : ne comprends-tu pas? Il est assez de mieux savoir ce qu'on sait : c'est le but de la vie.

La plupart des personnes que je vois ici ne se dissimulent pas les dangers dont l'avenir les menace. Ils connaissent clairement cet avenir, et ils font tous leurs efforts pour le rendre aussi éloigné que possible. Au moins quand l'orage éclatera, il n'y aura pas de surprise.

L'Angleterre aura fait une expérience dont nous voudrons bien retenir la leçon. Le mal qui la consume s'appelle le Parlement, non pas cette assemblée des représentants de la nation sagement élus qui ne délibèrent que pour mettre au service du pouvoir leur expérience et leurs dévouements — cette assemblée ne se trouve même pas en France — mais cette réunion de factieux qui désagrègent le pouvoir, pour y substituer les intérêts inférieurs d'un parti et qui songent bien moins à la patrie qu'à un vote de majorité. Combien chez nous qui s'imaginent qu'un Parlement est un grand corps de l'Etat, institué pour être un auxiliaire de la couronne! Figure-toi une Académie de critiques! et quels critiques ! les uns glorieux d'être les représentants de la majorité; les autres dépités d'être la minorité ; tous désolés de n'être pas Monsieur le Ministre ; tous plus ou moins en opposition avec leurs propres opinions, et forcés de mentir à leur conscience pour satisfaire les caprices de ces despotes, dont ils dépendent, les électeurs. Le mal n'a pas été très appréciable tant que le droit de suffrage s'est maintenu dans les rangs de la classe élevée. La bonne éducation, l'esprit de tradition dans la famille, la fortune acquise, sont d'excellents guides pour maintenir la fidélité. Il peut surgir dans les méthodes gouvernementales des divergences d'opinion, mais les principes restent toujours debout. Il n'en est plus de même. Le droit de suffrage s'est étendu ; l'électeur est devenu de moins en moins respectable, si bien que ce titre si sérieux d'électeur n'en est plus un. On se flatte aujourd'hui dans les nations de l'Europe de ne pas user de son droit de vote, quand de ce vote peut dépendre le Salut de l'État ! C'est une grande faute qu'ont commise les rois d'avoir sanctionné de telles erreurs ; ils pouvaient, sans descendre, investir de prérogatives législatives une assemblée composée des premiers du royaume et leur confier les destinées de la nation ; mais appeler à ces fonctions redoutables des inconnus qui n'ont ni passé, ni crédit, ni souci de l'honneur, et dont le patriotisme même n'est pas garanti contre les séductions de l'intérêt, n'est-ce pas l'aberration la plus criminelle qui soit jamais entrée dans une tête d'homme d'État ? Et cependant cela a été. Des chefs de parti, pour gagner des voix, ont vendu ce droit royal du vote ; ils l'ont déshonoré pour se rendre populaires ; ils l'ont livré à la foule, et maintenant ils savent ce qu'ils ont fait.

J'ai fait dresser une liste de tous les bills qui ont été votés à la Chambre des communes depuis un demi-siècle, et tu verras, d'après ce relevé, les progrès accomplis par la démocratie. C'est un tableau qu'il faut mettre sous les yeux de nos fanatiques du gouvernement parlementaire. Je t'envoie également quelques croquis des séances qui m'ont paru les plus grotesques. Une assemblée de fous furieux ne serait pas aussi extravagante. Il faut faire faire des reproductions de ces esquisses et les exposer aux yeux de tous : c'est la Chambre des Ilotes. Comme tu le verras, le peuple souverain a une manière de comprendre la dignité de son rôle qui ne manquera pas d'impressionner les fidèles sujets de notre empereur.

Je ne t'ai pas encore parlé de la famille royale. Il n'y a que peu de chose à en dire. Tu connais mes idées sur les souverains qui ne gouvernent pas ; ils sont les derniers de leurs sujets. Ils ne peuvent que procurer des plaisirs, et c'est à peu près tout ce qu'ils aiment. Ils s'amusent. La reine est âgée et mélancolique ; l'héritier du trône s'offre, sans se lasser, toutes les distractions qui lui plaisent. Les Anglais ne le détestent pas comme homme : seulement comme prince on le méprise un peu. Si jamais il arrive à ceindre la couronne d'Angleterre, il acquerra un titre de plus aux faveurs du beau sexe, dont il raffole : ce sera le plus heureux des rois.

LES RÉFORMES UTILES

Les Anglais sont gens pratiques avant tout et c'est une qualité qu'on ne saurait leur refuser. Du reste ils se l'attribuent d'eux-mêmes, et cela leur suffit. C'est, en effet, une chose remarquable qu'il est impossible de faire un compliment aux Anglais, ils l'ont fait avant vous. Pour nous qui avons l'habitude de solliciter le jugement de nos amis, nous éprouverons des surprises; en Angleterre tout est parfait, c'est de règle. C'est ce sentiment exagéré qui ressemble beaucoup à la suffisance qui les rend parfois excentriques. La même chose chez tout le monde, n'est-ce pas la même chose chez eux. Ainsi pour ne te citer qu'un exemple, ils ont des décorations et ne les portent pas. Certes il n'y a pas là motif à critique; car il y a quelque chose de puéril à porter un ruban dans une grande ville où vous êtes inconnu, mais c'est la différence que je constate. Je me trompe cependant. On rencontre dans les rues de Londres et dans toutes les villes du royaume des gens de toutes classes portant un ruban bleu à la boutonnière. Vous voyez même des familles entières, père, mère, enfants, tous décorés. Vous êtes d'abord intrigué. Au premier ruban qui passe, on se dit : c'est sans doute l'ordre de la Jarretière, ou celui du Bain. Puis cette supposition devient bientôt inadmissible, les chevaliers de ces ordres sont tous de haute condition. J'ai pensé ensuite que tous ces braves gens décorés étaient peut-être voués au bleu, comme ces petits enfants délicats que les mères inquiètes placent sous la protection de la Madone. Enfin j'ai dû me renseigner, ce qui est partout la meilleure manière de savoir, et j'ai appris que tous ces chevaliers du Ruban bleu font partie d'une société appelée Société nationale de Tempérance, dont tous les membres promettent — fais bien attention — de ne boire jamais ni *bière*, ni *vin*, ni *liqueurs*. Voilà des gens bien remarquables !

Ne va pas croire que je t'en conte ! Il y a à Londres de magnifiques hôtels appelés les hôtels de la Société de tempérance où descendent les sociétaires. Là, les infortunés savourent les délices méprisées du verre d'eau et de la tasse de thé. Leur vue n'est pas troublée par l'écume jaunâtre qui déborde des grandes pintes de fer blanc ; le verre à Bourgogne rempli de la purpurine liqueur à laquelle l'âge a donné le moelleux du velours et le parfum des fleurs, ne scandalise pas leurs regards;

la coupe enivrante n'attire pas leurs lèvres, cette coupe svelte et légère d'où s'élance comme une vapeur de mousseline l'écume blanche du champagne, avec ce bruissement indéfinissable qui ressemble au lointain murmure des vagues dans un beau soir d'été.

Toutes les fois que sur mon chemin passe un membre de l'ordre bleu, te l'avouerai-je ? J'ai toujours la tentation de l'inviter à venir au Public House boire à la santé des confrères et des amis. Mais j'ai toujours craint de voir mon invitation acceptée, au grand scandale des buveurs — naturellement.

Quoi qu'il en soit, je recommande cette *œuvre* aux sages méditations de ceux qui se mêlent de moraliser les masses. Car, c'est en attaquant de front les passions, qu'on peut espérer les vaincre. Boire de l'eau ! et dans un pays aussi humide que l'Angleterre ! Songe donc quelle dose de caractère il faut avoir pour « consommer » un pareil sacrifice ! Boire de l'eau ! cela est aussi sublime que le « sans dot » de Molière. Vois-tu nos amis les Chinois fumer des pailles de riz, en haine de l'opium ? Ce serait un prodige, que le ruban bleu a réalisé dans cet étrange pays. Ce ruban est devenu un insigne, un défi jeté à la foule qui passe ; cela veut dire : moi je ne bois pas de liqueurs enivrantes, et je me porte mieux que vous. Cela veut dire aussi :

mes économies ne sont pas dans ma cave, et ma raison ne m'abandonne jamais. Avoue que le ruban bleu a du bon... pour moraliser le peuple. J'en connais qui préfèrent le cordon bleu, mais ce n'est pas la même chose.

Le secret du succès de la réforme anglaise est simple à comprendre, et il a cela de bon qu'il peut être adopté partout. C'est la haute classe qui a donné l'exemple. Des amiraux, des généraux, des lords ont commencé à porter le ruban, et le reste a suivi. C'est bien simple. C'est l'éternelle histoire des moutons de Panurge. Les foules sont crédules, mais à la condition qu'elles soient menées. Quand la direction manque, l'esprit d'opposition se dresse à l'arrière-garde des foules et fait entendre ses sifflements.

L'Angleterre est comme tant d'autres pays du continent rongée par cette plaie qui s'appelle l'ivresse, la plus implacable des passions, celle qui conduit à l'hébétement et à la folie furieuse. Le gin et le whisky ont fait plus de ravages dans le Royaume-Uni que n'auraient pu en causer la peste et le choléra. Rien n'y faisait : ni les ordonnances de police, ni les promesses de récompenses. On inventa le ruban bleu, et les progrès réalisés sont certains. Voilà enfin un résultat, une victoire de la vraie civilisation, celle qui a pour but de démontrer qu'il y a une différence entre l'homme et la bête ! Tu dois comprendre avec quel plaisir j'ai fait cette découverte, et avec quel plaisir aussi j'ai reconnu que si la Société de tempérance avait obtenu des résultats, c'est que les grands n'avaient pas hésité à se mettre à sa tête. Quand dans un pays il y a une noblesse capable de se dévouer, il y a encore espoir de le sauver. Car c'est par l'exemple qu'on réforme les sociétés et qu'on les ramène au bien. Si pour faire pleurer un auditoire, il est nécessaire que l'orateur soit lui-même ému, à plus forte raison faudra-t-il exiger comme condition indispensable du succès d'une réforme, que ceux qui la désirent soient les premiers à l'adopter. Jusqu'ici j'avais toujours vu le contraire.

VARIÉTÉ DE RELIGIONS

La semaine qui vient de s'écouler a été marquée par un événement dont l'importance n'est que secondaire aux yeux des contemporains ; mais il se rattache à des souvenirs si élevés qu'il m'a paru intéressant de t'en faire une relation.

C'est d'une solennité religieuse qu'il s'agit, de l'installation (les Anglais disent l'*enthronement*) du nouveau primat de l'Eglise d'Angleterre, l'archevêque de Canterbury, la plus imposante de toutes les cérémonies du culte anglican. Canterbury est un souvenir grandiose ; il n'en existe pas beaucoup de plus grands au monde. Ce nom était autrefois dans toutes les bouches; il avait toutes les splendeurs que la foi chrétienne donne aux sanctuaires privilégiés. Mais le schisme a étendu son voile sombre sur les lumières éclatantes d'autrefois, et le temple vénéré a perdu sa sainteté. Il y avait au moyen âge sur la mappemonde de l'Eglise catholique, à l'Orient et à l'Occident, deux villes, les citadelles de la Foi : Rome et Canterbury. L'une est tombée, l'autre resplendit de toute la gloire des imprenables. Celle-ci remontait par l'antiquité de ses fondations aux origines mêmes du christianisme; celle-là, comme pour protester contre la chûte de l'infidèle, élevant la croix plus haut dans le ciel, à une hauteur jusqu'alors inconnue, lui donna pour base la merveilleuse coupole de Saint-Pierre. La renommée de celle-ci s'est accrue de la chûte de celle-là. Tel un chêne voit une sève plus abondante monter dans ses branches, lorsque la tempête a déraciné les arbres qui grandissaient autour de lui. Qui le croirait ? Cette ville dont la géographie seule rappelle le nom, était, il y a trois siècles et demi, le rendez-vous de tous les pèlerinages de la chrétienté. C'était un lieu sacré. Les souverains de la terre y sont venus tour à tour abdiquer leur grandeur et rendre hommage à leur Dieu. La France y a vu ses rois et l'Allemagne ses empereurs. Henri VIII vint s'y agenouiller, lui dont le despotique orgueil devait créer un schisme.

On dit que la vue des diamants et des pierreries que la piété des siècles précédents avait incrustés dans le reliquaire, excita dans le cœur du roi d'ardentes convoitises.

A genoux devant l'autel, le roi d'Angleterre contemplait une pierre précieuse, don du roi Louis VII de France, et méditait le dessein sacrilège d'en faire le joyau de sa couronne ; et cela fut !

Quand on réfléchit sur les causes qui ont produit les événements les plus retentissants de l'histoire, on est singulièrement étonné en remarquant combien le plus souvent elles ont été insignifiantes. Comment une révolution religieuse peut-elle dépendre de la possession d'un diamant ? Cependant ce fait est enregistré comme ayant eu une action secrète sur la volonté d'Henri VIII ; et lorsque quelques années plus tard il verra s'élever contre les audaces de sa volonté déréglée l'autorité indomptable du souverain pontife, il n'hésitera plus : il arrachera de ses mains le diamant de Canterbury et il en fera le trophée de son apostasie.

Qu'y a-t-il à conclure ! car il n'est pas sensé d'admettre qu'un caprice, fût-ce même un caprice de roi, ait pu changer la croyance d'un peuple, une croyance vieille de dix siècles. Faut-il affirmer à l'exemple des grands esprits, que la réforme religieuse était devenue une « nécessité du temps » et que la raison humaine plus éclairée voulait enfin conquérir ses droits sur les affirmations de la Foi? Ce sont des arguments découverts après coup : car il est bien de l'homme de s'imaginer qu'il s'est insurgé contre Dieu, quand il veut se trouver des excuses.

L'impression que produit Canterbury, basilique bâtie par les moines, est très vive, mais elle communique une tristesse inoubliable. Rien n'est désolé comme un temple qui a changé de culte ; cela ressemble à une ville qui a capitulé. Plus d'autels, plus de statues, plus de tableaux : un grand vide. Il n'est resté de l'œuvre des moines que ce qui n'a pas pu être détruit, le monument lui-même et la grâce de ses ogives et la splendeur de ses rosaces. C'est comme un poème qui ne se chante plus. Tout est devenu profane dans ce temple, même la croix.

Imposons silence aux voix mélancoliques qui sortent de ces autels dévastés : voici venir l'archevêque, le successeur de saint Augustin. Les portes de la basilique s'ouvrent ; il entre, précédé par les évêques, ses confrères, vêtus de la robe blanche des lévites sur laquelle passe en écharpe une sorte de pallium de pourpre, et portant en guise de mitre une coiffure rappelant le casque des lanciers. Le primat est revêtu d'un surplis à traîne que retiennent chacun par une extrémité deux enfants de chœur, les fils du prélat. C'est une fête de famille. On se lève, on se bouscule ; la curiosité est à son comble.

Enfin le cortège arrive dans le chœur, où un employé supérieur de l'enregistrement lit à haute voix le décret de la reine. Puis le nouveau prélat est amené devant la chaire d'Augustin, l'apôtre des peuples de la Grande-Bretagne ; il s'y installe, il y trône. C'est le moment des félicitations. La solennité s'achève, toujours aux sons de l'orgue, par la bénédiction, imitation dans un mode léger, de la bénédiction papale *urbi et orbi*. On n'y fait guère attention : c'est une bénédiction civile.

A BERLIN

I

Me voilà arrivé dans cette fameuse Allemagne, et je suis installé à Berlin, capitale de la Prusse et résidence de l'empereur. Combien de temps resterai-je ici ? je l'ignore, car je suis en plein nouveau monde, et dans une société qui a la réputation de se transformer. C'est, en effet, le mot qu'il est convenu d'employer. Selon que l'on se trouve à l'est ou à l'ouest, les expressions de choses semblables changent de sens. Les Européens disent, en parlant de nous, que nous nous civilisons, mais en parlant d'eux, qu'ils se transforment. Il y a là une nuance.

J'ai commencé par avoir une forte attaque de spleen ; ma vie est si complètement différente de ce qu'elle était hier ! Je m'étais habitué à Paris, à ses mœurs faciles et agréables ; je n'avais plus besoin d'être heureux. Je suis ici comme en exil.

D'abord, et c'est une cruelle privation, je n'entends plus parler le français. Je me heurte à des sons barbares qui blessent mes oreilles et que je désespère de comprendre jamais. Pourtant j'ai pris un professeur : mais il aime tant la langue française, qu'il oublie avec moi qu'il est allemand. C'est étonnant comme ils aiment tout ce qui est France, ces Allemands, dès qu'ils sont sûrs qu'aucun Français ne les écoute ! J'aimais bien Paris, mais depuis que je suis à Berlin, combien je regrette le cher Paris ! si j'avais su ! Que veux-tu ? On ne pense jamais aux infortunes qu'on peut prévoir. On s'imagine que demain sera semblable à aujourd'hui ; oui, mais aujourd'hui, Paris, et demain, Berlin.

Il faut savoir se résigner. Le travail me consolera : c'est mon espérance.

Je n'ai vu personne encore. Y a-t-il quelqu'un à voir ? Toutes les personnes auxquelles j'ai été présenté sont parties pour Paris, et reviendront... peut-être. C'est désolant. Mais la ville, diras-tu ? les boulevards, les quais, le bois, les théâtres, les concerts, les monuments? Mais, mon pauvre ami, il n'y a rien que Berlin, Berlin ! comprends donc! Au moins à Bruxelles il y avait une ville et des monuments ; à Londres il y avait la foule, à Rome il y avait l'Italie. Ici ? rien que la Prusse et les casernes. De boulevards, il n'y en a pas. Une avenue qu'on nomme « Sous les Tilleuls », bien mal à propos ; ils sont si chétifs ces pauvres arbres ; ils implorent la pitié. Les quais sont des promenades infectées par les odeurs malsaines qui sortent de cette espèce de ruisseau qui s'appelle la Sprée. Les quais de Paris, le long du magnifique fleuve, quelle délicieuse promenade ! Et que Berlin serait fière si elle avait la Seine et les brises fraîches qui suivent son courant? Mais elle n'a pour le moment qu'une eau limoneuse empestée. Il faut attendre que la transformation s'opère ; d'abord l'homme. Et cela se comprend : car, de ce côté, il y a beaucoup à faire.

II

Il faut bien se plier aux circonstances, mon cher ami, et vivre à Berlin en Berlinois. Tu te plains que mes dernières lettres étaient trop sérieuses, la politique t'ennuie... que faire ici si ce n'est de la politique ? C'est l'article de Berlin. A Paris mes pensées avaient un tout autre champ :

on y vit d'imprévu et de fantaisies ; les journaux sont amusants ; les five-o'clock fort divertissants, et les théâtres toujours nouveaux. Le monde et la scène ont des décors et des costumes qui changent tous les jours ; vraiment la seule façon de passer son temps à Paris, c'est de s'y plaire ; et comme on le regrette dès qu'on est à Berlin ! Ici tout est sérieux, on s'ennuie avec méthode. A Paris, vous avez la ville, une Exposition permanente ; à Berlin vous avez la ville aussi, mais c'est une vraie banlieue où les oisifs n'ont même pas l'air de ne rien faire. Où aller ? qu'y devenir ? Les boulevards ? il n'y en a pas. Les parcs ? il y en a pas, ou si peu ! Les premières ? il n'y en a pas. Le tout Berlin n'existe pas. Il n'y a que le monde officiel des traîneurs de sabres et des conseillers secrets. C'est le monde où l'on s'ennuie, celui-là, et je t'assure qu'il mérite sa réputation. Il n'y a que la politique vois-tu, qui ait quelques charmes dans cette singulière société ; aussi la seule façon de supporter l'existence est de prendre au sérieux son métier de diplomate et d'exercer. C'est ce que je fais. Ne t'en plains donc pas ; car, si tu m'enlevais cette suprême ressource, je crois que je mourrais d'ennui.

Je t'ai envoyé par le dernier courrier les seuls objets d'art qu'on puisse se procurer ici : des bustes. Il n'y a pas moyen d'acheter autre chose : ils ont la manie des bustes. Les magasins en sont remplis. Il y en a en bronze, en marbre, en albâtre, en stuc, en terre cuite, en plâtre, de toutes les grandeurs ; à des conditions très avantageuses, on peut s'offrir un empereur Guillaume, un Kronprinz, un Bismarck, un Moltke, le tout chamarré de décorations et de légendes patriotiques. L'Allemagne, est tout entière dans ces bustes ; c'est le paganisme officiel.

Donc résigne-toi à recevoir de moi des lettres très sérieuses et très ennuyeuses, et laisse-toi convaincre que mon séjour ici ne sera pas sans intérêt ni sans résultats. Pour apprendre à connaître l'Europe, il est indispensable de venir ici, et déjà par les tableaux que je t'ai envoyés tu as pu comprendre quelques principes nouveaux. Je t'indiquerai les grandes lignes de ce monument tout en façade qu'on appelle l'empire d'Allemagne, et tu pourras à l'aide de ces croquis donner d'utiles leçons à nos architectes modernes ; ils ont de grands progrès à réaliser.

Il y a d'abord pour nous une pensée très consolante à exprimer, et dont la forme ne te déplaira pas, car elle est tout à fait dans la couleur de tes idées : on naît France, on devient Allemagne. Il suffit de travailler et de vouloir. Il y a trente ans, la Prusse n'était même pas une grande puissance ; elle vivait de la réputation de son Blücher, le vainqueur fatidique de Napoléon, et des souvenirs assez fanés des gloires de Frédéric II. Elle avait autour de ses frontières la Russie, l'Autriche, la France, trois empires puissants dont elle était la très humble servante. Celui qui eût prédit en 1855 que trente ans plus tard les trois colosses seraient sous la domination de la Prusse et qu'un Hohenzollern ceindrait la couronne impériale, celui-là eût passé pour un fou. Cependant la Russie est aujourd'hui reléguée dans ses steppes ; l'Autriche, abaissée et soumise, a perdu toute influence en Occident ; la France a été vaincue et démembrée, et c'est une seule volonté qui a réalisé tout cet immense effort. Tu vois donc bien qu'on peut devenir une Allemagne, et, phénomène extraordinaire, sans Allemands. Les seuls Prussiens ont suffi.

L'histoire contemporaine t'apprendra quelles sont les guerres qui ont consacré ces événements : car en Europe, c'est par la guerre que tout se fait. De loin nous voyons des diplomates autour d'un tapis vert discuter sur des intérêts en péril, et cela nous en impose ; mais ils ne se réunissent généralement qu'après la bataille, entre vainqueurs et vaincus. Les discussions sont plus faciles, la raison du plus fort étant toujours la meilleure. Une fois la paix conclue, on redevient bons amis, conformément aux convenances diplomatiques.

Depuis trente ans, tous les peuples de l'Europe se sont battus. La France a la spécialité des guerres de complaisance. Pour faire plaisir à l'Angleterre elle a battu la Russie ; puis elle a déclaré la guerre à l'Autriche qu'elle a vaincue, au profit du Piémont, une toute petite Prusse méridionale, qui est devenue, dit-on, l'Italie. Pendant ce temps, la Prusse proprement dite, la Sparte du Nord, garnissait ses arsenaux et organisait ses armées. Elle regardait les autres se battre, jugeait les coups et félicitait les vainqueurs. Un jour vint enfin où elle prit part à la lutte, et se décida à jeter le gant aux grandes puissances. Il fut relevé par l'Autriche qui ne s'en releva pas. Puis vint l'année terrible, 1870, qui tua l'Empire, mais non la France : une France ne meurt pas. L'histoire contemporaine en est là : la guerre au prochain numéro.

Pour nous qui sommes des civilisés de date récente, et qui faisons de la réforme un peu en amateurs, nous avons une grande dure vérité à apprendre si nous voulons pousser définitivement vers la perfection : c'est que rien ne se fait dans le genre civilisation sans le bienveillant concours de la guerre. C'est du reste une très ancienne vérité toujours nouvelle : nous l'avions crue susceptible de passer de mode, grâce aux modernes ; il paraît que non. Les livres d'histoire malmènent très fort tous ces rois qui pendant les premiers siècles de l'ère chrétienne firent ces guerres appelées communément du nom assez méprisant d'invasions de barbares. Ces barbares n'avaient exactement de barbare que leur ignorance des usages diplomatiques ; ils faisaient la guerre, il est vrai, sans ultimatum ; le résultat cependant était le même. De quel nom penses-tu donc que les paysans des Vosges ignorants des beautés de la diplomatie voudraient bien appeler les Allemands? mais de ce même nom de barbares ; ils ne sont civilisés que par les procédés qu'ils ont adoptés et par la manière savante dont ils conduisent la guerre. En somme le titre de civilisé est sans contrôle ; il dépend de la latitude et de la longitude. Les Anglais affirment que le maximum de civilisation est à Londres ; les Allemands veulent que ce soit à Berlin, et les Français concluent qu'il réside à Paris, rive Droite. Ce sont des questions difficiles à résoudre.

L'Anglais affirme qu'il est le plus civilisé parce qu'il est le peuple qui comprend son confort ; l'Allemand veut être le plus civilisé parce qu'il a les meilleurs canons et les meilleures armées. Enfin la France admet qu'elle a tous les droits à recevoir le noble titre de « la plus civilisée des nations », parce qu'elle a proclamé le dogme de la liberté, et que toutes les délicatesses de l'esprit et du cœur fleurissent dans sa capitale. Qui a raison? J'aime bien l'esprit : j'estime et j'honore tous ceux qui se sentent un cœur dans la poitrine; j'adore les passions artistiques; je suis un fanatique de Paris, tu le sais ; et cependant, il faut que je dise ce que je pense, ce sont les Allemands, ou mieux les Prussiens, qui sont les plus civilisés des hommes. Oui, la civilisation est à Berlin, dans ses casernes, dans ses arsenaux, dans ses ministères, dans sa chancellerie, dans son palais impérial; elle est là et non ailleurs. Si les Français avaient jamais un Bismarck à leur tête, ce seraient des dieux.

Depuis que la politique est devenue une science, il ne faut pas s'étonner qu'il y ait des savants en politique. Toutes les branches de l'activité humaine ont leurs représentants favoris. Si au lieu de se battre avec des canons et des fusils, on opposait des savants à des savants, des découvertes à des découvertes, des poèmes à des poèmes; si, en un mot, les plus élevés dans l'ordre des spéculations de l'esprit étaient les plus puissants autour du tapis vert d'un congrès, il est évident que chaque nation cultiverait avec un soin jaloux les intelligences de ses sujets. Mais ce n'est pas le cas. C'est la politique qui est la science la plus haute; c'est celle qui mène à la puissance, à la gloire, et qui seule réalise les triomphes de la civilisation. Donc, il faut apprendre la politique, comme on apprend la chimie, la physique et toute science en général. C'est la pierre philosophale de l'époque : autrefois, il suffisait d'être fort en thème, aujourd'hui il faut être fort en politique: c'est obligatoire.

Voilà ce qu'on apprend à Berlin! C'est déjà quelque chose, tu l'avoueras, que d'être débarrassé du confort de John Bull et des théories généreuses du spirituel Parisien de la rive droite. C'est un prodige que d'être convaincu d'une vérité ; cependant, je le suis. Comprends donc que les deux titres les plus élevés, en civilisation, sont ceux-ci : être *le plus riche* et *le plus fort*. Le but de la vie est de tendre vers ces deux grandeurs. Le plus civilisé est le plus riche et le plus fort.

Ce qui m'amène à te parler de ces graves questions, peut-être moins sérieusement que j'en ai le désir, c'est que l'avenir prochain résoudra de grands problèmes dans cet empire de Chine. L'Occident étouffe dans ses limites ; il faut aux ardeurs inquiètes de toutes ces nations armées des terres plus vastes où se répande, comme un grand fleuve dans l'Océan, le torrent de leur activité. Tel un cheval emporté se dompte lorsque, lancé dans une plaine de sable, il y piétine ses forces.

Les peuples de l'Occident luttent pour la vie; ils cherchent partout des débouchés pour exporter les produits de leur industrie ; les matières premières manquent ; les colonies deviennent des trésors. Même les Belges ont rêvé d'un empire du Congo ! Après l'Afrique viendra l'Asie. Le jour n'est pas éloigné où Paris, Berlin, Pétersbourg, Pékin seront reliés par une voie ferrée ; l'express d'Orient deviendra l'express des Antipodes ; tous les peuples de l'univers collaboreront aux œuvres de la civilisation. Et ce jour n'est pas éloigné, car il est nécessaire qu'il vienne. C'est à notre politique de veiller pour qu'au jour du grand partage nous ayons une épée à jeter dans la balance. Si nous n'avons que l'ambition de rester dans nos frontières pour subir des traités de commerce, il est inutile de nous imposer des sacrifices ; mais si nous avons l'espoir de les faire servir à quelque grand projet qui élève notre empire au rang des nations civilisées, il est indispensable que nous activions nos préparatifs : il est temps. »

III

« *Deutschland, Deutschland ueber alles !* » (l'Allemagne, l'Allemagne au-dessus de tout !) C'est le refrain retentissant de la chanson des Allemands. Au-dessus de tout dans le monde :

Ueber alles in der Welt !

Jadis, l'Autriche inscrivait aussi sur son écu une fière devise : *Austriæ est imperare orbi Universo.*

Mais le monde est capricieux, il aime à changer de maître — ou de prétendant, et c'est à l'Allemagne moderne qu'est échu le périlleux honneur de l'Universelle puissance ; du moins, c'est ce que chantent les buveurs. C'est un refrain d'enthousiasme. Le soir, à la chambrée pleine, au milieu de l'épaisse tabagie des pipes et des cigares, le Prussien aime à entonner la chanson patriotique, et l'audacieux refrain exalte les imaginations, quoiqu'il y en ait parmi eux de bien misérables qui chantent l'Universelle Allemagne !

Au-dessus de tout dans le monde ! C'est le peuple qu'on entraîne — ou qu'on traîne, avec de semblables formules. La bière, le tabac et la chanson sont en effet les meilleures alliés de ce pouvoir despotique qui voudrait presque diviniser les Germains, titulaires inamovibles de la gloire et de la fortune. L'illusion est dure cependant à admettre, si on ne la trouve pas, par quelque heureuse occasion, au fond des grands verres de la brasserie ; et la réalité a des réalismes qui font soupirer les disciples moins fervents du bon roi Gambrinus. « Au-dessus de tout » paraît alors un idéal d'ambition assez voisin des nuages chargés de tempêtes et d'éclairs, et la gloire, exposée à de tels dangers, a moins de charmes que la médiocrité des humbles.

Cette rage de l'élévation « au-dessus de tout » it dire aux Allemands dans leurs chants populaires des merveilles d'excentricité. Qu'ils aient la prétention de dominer par la force toutes les nations, c'est le rêve ordinaire de tous les conquérants heureux. Ce fut le rêve éphémère de Charles XII, comme celui de Frédéric; et Napoléon fut bien près de le réaliser. Les vainqueurs de 1870 seraient excusables d'entretenir de semblables espérances.

Mais il n'y a pas au-dessus du tout que le canon Krupp et les fusils à aiguille, il y a encore la terre allemande, le vin allemand, la femme allemande la loyauté allemande et les chansons allemandes. En ce dernier point, ils ont complètement raison. Où s'arrêteront leurs audaces? Sais-tu ce qu'ils chantent? Ecoute-les :

L'Unité, le Droit et la Liberté
Pour la Patrie allemande!
Unissons fraternellement tous nos efforts
Avec le cœur et la main,
Et que l'Unité, le Droit et la Liberté
Soient les gages de notre bonheur!

Considère que les Allemands se plaisent à ridiculiser l'usage ou l'abus que les Français font du mot de liberté, et qu'ils les appellent ironiquement « les amateurs de nouveautés ». Il me semble qu'ils s'en offrent, et avec une prodigalité qui peut soutenir la comparaison. L'Unité, le Droit, la Liberté! Chansons que tout cela! Le manteau césarien que la Prusse s'est taillé dans les défroques des cours allemandes ressemble singulièrement à l'habit d'Arlequin, et tous ces Etats, envahis et germanisés malgré eux, font triste mine dans le cortège de cet empereur. La loyauté allemande s'appelle encore et s'appellera longtemps, en beaucoup de points du territoire, loyauté hanovrienne, loyauté française, loyauté danoise, loyauté polonaise. Si grand que soit le manteau de pourpre de l'Empire, il ne recouvre pas les manteaux bleus de la Bavière et du Wurtemberg, et dans ces pays la Prusse y dissimule mal son germanisme.

Les amateurs de nouveautés ne sont pas les seuls Français : est-il une nouveauté plus étrange que cette manie de vouloir prussianiser tous ces peuples de mœurs et d'origines si diverses, sous prétexte d'Allemagne ? Est-il une nouveauté plus bizarre que la prétention de fondre dans une même soumission, tant d'opinions, tant de souvenirs, tant de rivalités, sous prétexte d'unité ? Quand on voyage dans les divers États de la confédération, on est frappé de ce fait, qu'il n'y a qu'à Berlin que se chante la glorieuse Unité ; ailleurs, on n'y croit pas. C'est une fiction géographique. A Berlin on vous parle de la Saxe, de la Bavière, du Wurtemberg, comme on parlerait en France d'un département. Le roi de Bavière n'est pas plus important qu'un préfet de 1re classe, et quant aux princes, ducs et grands-ducs, cela a rang de sous-préfets.

Ils figurent dans le « Gotha » à titre de fonctionnaires... généalogiques. Mais ne crois pas que la masse du peuple soit descendue aussi bas que ses princes, et ait abdiqué tout sentiment d'indépendance. Il suffit d'entrer au Reichstag pour connaître les destinées de cet empire, et sentir qu'une lutte ardente est engagée entre les maîtres et les sujets. Il n'y a aucun lien réel entre les députés du Reichstag.

Veux-tu avoir une idée de la manière dont il faut entendre la liberté en Allemagne, dans ce noble pays où fleurissent l'unité et le droit? Voici un exemple qui te paraîtra concluant. La scène se passe à Bayreuth, en Bavière. Le pasteur, un vénérable vieillard âgé de 72 ans, recommande à ses paroissiens de n'accorder leurs votes qu'à des candidats connus pour leur attachement à la Bavière; il les met en garde contre une secte politique dangereuse qui porte le nom de Nationale-Libérale. Le pasteur est Bavarois, c'est un droit de naissance, il aime son pays et lui est dévoué : c'est la plus élémentaire des libertés. Tu es de cet avis, n'est-ce pas? Eh bien! le pasteur Johann Reusz a été condamné à huit jours de forteresse. C'est un crime d'oser dire en Bavière qu'on aime la Bavière. Voilà la liberté en Allemagne! Elle est digne d'être chantée par les Prussiens.

La patrie de l'Allemand, quelle est-elle donc?

Une chanson de Arndt va nous le dire, et tu comprendras :

Est-ce la Prusse, est-ce la Souabe ?
Est-ce sur les bords du Rhin, où fleurit la vigne?
La patrie allemande est bien plus grande.
. . . .
La patrie de l'Allemand quelle est-elle?
Est-ce la Bavière, est-ce la Westphalie?
Ah ! dis-moi quelle est-elle ?
Est-ce la Suisse, est-ce le Tyrol ?
Car j'aime ces pays et leurs peuples...
Oh ! non. Sa patrie est bien plus grande...
. . . .
Tu veux savoir quelle est la patrie de l'Allemand ?
Elle est partout où résonne la langue allemande,
Elle est partout où la haine excite
Contre la France vaniteuse,
Un courroux exterminateur.
Voilà sa patrie, oui, voilà sa patrie,
C'est l'Allemagne tout entière !

Et le poète a raison. C'est là où s'excite la haine contre la France que se trouve la patrie de l'Allemand. Il n'y a pas d'autre définition de la patrie allemande. Supprime dans la politique allemande tous les moyens d'action qui se rattachent à la haine de la France, l'Allemand cesse aussitôt d'avoir une patrie ; ils rentrent chacun dans leur foyer, qui Prussien, qui Bavarois. Le Reichstag ferme ses portes ; les princes et les ducs recommencent à être régnants, et les rois relèvent la tête pour porter la couronne.

Le kaiser redevient roi de Prusse, et le chancelier se fait ermite. C'est une conséquence logique, et les sages qui délibèrent « Unter den Linden » le comprennent si bien, que la seule préoccupation de chaque jour est de savoir si l'Allemand continue à haïr le Français.

Lorsque le prince de Bismarck entre chez son auguste maître, tu crois peut-être qu'il va lui parler de la misère de son peuple et implorer la pitié impériale, pour tant de malheureux qui souffrent : ils s'en moquent bien du peuple ! Le chancelier de fer présente son rapport accoutumé, le bulletin de la haine ; et le maître et le serviteur sont dans la joie quand ils constatent que l'ennemi héréditaire est toujours honni des Allemands. C'est la seule question qui intéresse le souverain et l'empire.

Il faut consentir à vivre en Allemagne pour se communiquer à l'esprit toutes ces appréciations. Ce n'est pas à Pékin que nous pourrions les définir ; il faut s'habituer à voir ce qu'on cherche volontiers à dissimuler ; il faut écouter ce qui se dit à mots couverts ; il faut suivre les pensées jusqu'au bout, c'est-à-dire jusqu'au moment où elles se livrent. Alors on entend la fanfare guerrière qui excite aux combats et un cliquetis d'armes qui annonce la bataille. Alors tombent tous les voiles et apparaissent les « roueries » de la politique impériale qui toutes ont pour point de départ la haine de la France : car c'est la condition qui s'impose à la fondation de l'Unité allemande. Cette Unité dépend uniquement de la persévérance que garderont les divers peuples de cet Empire à haïr la France. Ils peuvent ne pas être d'accord avec le chancelier sur bon nombre de points, et, à certains moments exciter ses fureurs ; mais il y a moyen de s'entendre : il leur sera beaucoup pardonné, parce qu'ils auront beaucoup haï. C'est la manière prussienne de commenter l'Évangile.

IV

Je t'ai parlé de Arndt, le Tyrtée des Allemands, dans ma dernière lettre ; on vient justement de célébrer le vingt-cinquième anniversaire de sa mort. L'Allemagne moderne a la reconnaissance pratique et ne perd aucune occasion d'exciter le patriotisme de ses peuples. Le grand homme joue le rôle des grandes utilités, et, à certaines dates, descend de son piédestal pour parler à la foule et ressusciter les passions héroïques du passé.

Parmi ces grandes figures dont le souvenir est honoré, la patrie officielle place au premier rang les hommes du commencement de ce siècle qui ont contribué par l'action et la parole à l'indépendance de l'Allemagne. A ceux-là, elle a tressé des couronnes d'immortalité, et, à chaque anniversaire, elle convie le peuple à entendre l'éloge du héros, dans la forme académique prussienne, c'est-à-dire avec les hyperboles flamboyantes de ce fanatisme guerrier qui exalte toutes les audaces. On « emballe » le public : on l'enivre d'imaginations et de fantômes : on fait flotter devant ses yeux les étendards meurtris des glorieuses journées de Leipzig ; le nom terrible de Napoléon retentit à leurs oreilles comme une épouvante, et chacun s'en retourne à la maison un peu plus Allemand, je veux dire un peu plus gallophobe.

C'est qu'en effet les chants de Arndt ont produit dans la nation germanique une impression inconcevable d'enthousiasme guerrier. Il a chanté la plus noble des passions, l'amour de la liberté, l'indépendance. Semblable à Rouget de l'Isle, il a eu le don de réveiller tout un peuple, emporté par la fièvre de ses mâles accents, il a fait des hommes de ceux que le seul souvenir d'Iéna terrorisait. Ce fut son œuvre, maintenant continuée par les politiques habiles qui savent bien qu'on ne conduit les hommes qu'en les passionnant pour une idée, dût cette idée être une chimère.

Les barbares ont des dieux de bois et de métal qu'il adorent, et les chefs disposent de ces fétiches comme d'un parlement servile ; de même dans la grande et studieuse Allemagne, les peuples sont maintenus unis en armes par la crainte des ennemis du dehors, et les souvenirs alarmants du passé ont une telle vitalité, qu'ils recouvrent de leurs ombres les gloires inquiètes de l'épopée contemporaine.

Il est impossible d'ouvrir un journal sans y trouver la note de l'excitation guerrière. Cependant les ministres parlent de paix et en bénissent les bienfaits: de toutes les capitales de l'Europe, les courriers de cabinet n'apportent que des hymnes touchants de concorde et d'alliance; il semble que ce soit un âge d'or... oui : un âge d'or de commande pour les naïfs qui croient aux paroles des ministres. Ici, les ministres parlent et les anniversaires font le reste. Ce n'est pas la faute des vivants si la Prusse alimente, sans se lasser jamais, les ressentiments de l'Allemagne contre la France; c'est la faute des morts.

Rien n'est plus cher à ces ombres illustres que d'entendre les chants de guerre qui ont jadis enthousiasmé leurs ardeurs ; c'est leur *requiescat*.

Allons, Allemands, tous, l'un après l'autre,
Marchons au saint combat!
Levez vos bras et vos cœurs vers le ciel;
Ecriez-vous, tous, l'un après l'autre,
La servitude a une fin !

Toutes ces strophes, qui ont combattu en 1814, ne sont pas telles que les armes qu'après la bataille on rapporte aux arsenaux ; elles survivent à la victoire et ne se taisent jamais : ce sont les clairons éternels du dieu allemand des batailles.

Rien n'est plus empoignant que ces chants ! l'Allemagne en a par centaines de ces hymnes populaires admirables, des *Ave Nemesis;* et sans cesse le gouvernement encourage cette prédilection du peuple allemand pour les chants patriotiques. Il sait que le peuple est avide de ces émotions entraînantes qui sont la distraction de ses loisirs, et pendant qu'ils chantent, ils s'inspirent de la pensée. Il n'y a pas d'éducateur plus fort qu'un refrain. Les Français s'en souviennent bien, eux qui ont donné l'exemple. Chantera bien, je crois, qui chantera le dernier.

Les anachronismes font toujours plaisir : c'est un effet qui ne manque jamais. Au temps où Napoléon faisait porter sa livrée par les Prussiens, les Allemands pouvaient bien chanter, pour se consoler et espérer, le refrain de la chanson de Arndt : la servitude a une fin ! Mais aujourd'hui, n'est-il pas plaisant d'entendre ce peuple devenu impérial entonner le même couplet ? Il faut les entendre cependant ! Jamais esclaves n'ont rugi de plus formidables accents, et le « sang impur » même, tant reproché au chant national des Français, n'a jamais fait pousser de pareilles notes ! Les Allemands peuvent chanter ! on peut — le destin des batailles est si capricieux, et un peuple qui se venge est si terrible ! — vaincre même un Napoléon et lasser son génie ; mais se débarrasser d'une Prusse et de son aigle noir, c'est moins facile. Singulier retour des choses ! la Bavière et le Wurtemberg et la Saxe chantaient avant 1870 la chanson de Arndt : la servitude a une fin ! comme si la France eût voulu leur imposer des chaînes. Ils chantaient ; qu'ils dansent maintenant ! c'est la Prusse qui bat la mesure... et sur leur dos.

Cette institution des anniversaires caractérise bien l'Allemagne moderne. Ce n'est pas qu'elle réponde à un sentiment intime de la nation. La race germanique n'a pas de fait les passions guerrières qu'on lui prête : elle est surtout avide de tranquillité. Si les Allemands pouvaient faire entendre leurs doléances dans l'aréopage des grands de Berlin, comme ils en diraient les malheureux ! et les impôts grèvant jusqu'à la misère rendus plus onéreux après chaque guerre ; et l'arrogance des parvenus exploitant les dépossédés ; et la liberté de penser soumise au visa de l'administration ; Et les serments inviolables de la fidélité aux souverains légitimes traités de crime ; et l'émigration croissant de mois en mois, exilant pour toujours dans des pays lointains des milliers de familles... Que de motifs de plaintes ! Ne te semble-t-il pas entendre le paysan du Danube du bon La Fontaine ?

Craignez, Romains, craignez que le ciel quelque jour
Ne transporte chez vous les pleurs et la misère ;
Et mettant en nos mains par un juste retour,
Les armes dont se sert sa vengeance sévère,
Il ne vous fasse, en sa colère,
Nos esclaves à votre tour.

Et pourquoi sommes-nous les vôtres ? qu'on me die
En quoi vous valez mieux que cent peuples divers.
Quel droit vous a rendu maîtres de l'univers ?
Pourquoi venir troubler notre innocente vie ?
Nous cultivions en paix d'heureux champs ; et nos mains
Etaient propres aux arts ainsi qu'au labourage.
Qu'avez-vous appris aux Germains ?
. . . .
. . . .

Toute la harangue serait à citer : chaque mot porte, en effet, avec une incroyable exactitude.

Naguère au Reichstag, les députés de l'Alsace ont renouvelé leurs protestations contre les mesures odieuses qui les frappent. Quel tableau émouvant le député Kablé a fait de la pauvre Alsace-Lorraine gisant accablée sous le despotisme de la dictature ! Et comment osent-ils parler de leur civilisation ces puissants qui usent leurs efforts contre la forteresse inexpugnable de la fidélité alsacienne sans pouvoir arriver à briser un seul des liens qui attachent les provinces d'Alsace et de Lorraine à la mère patrie ?

Il s'est passé dans cette séance du Reichstag un incident que le compte rendu n'a pas relaté mais qui a vivement impressionné ceux des assistants qui suivaient avec intérêt la discussion. Kablé était à la tribune, opposant des arguments irréfutables aux audaces de la dictature et demandant, en face de tous les représentants de l'Empire que le gouvernement justifiât une seule de ses mesures. Comme ses réclamations devenaient plus ardentes, on vit sortir de son siège et s'avancer lentement un homme, illustre entre tous, qui malgré son grand âge se courbe à peine, le feld-maréchal de Moltke. Il vint s'accouder sur la rampe et écouta.

L'orateur rappelait les souvenirs indestructibles que la France avait laissés dans le cœur des Alsaciens, et, désignant dans un geste plein de noblesse la majorité de l'Assemblée irritée de ce débat, ses regards rencontrèrent ceux du maréchal, attentif et grave.

Moment indicible d'émotion ! il y eut comme un frisson dans l'assemblée ; le geste de l'orateur s'arrêta soudain, sa voix trembla sur ses lèvres... le spectre de 70 se dressait devant lui, la guerre implacable, le bombardement, la paix cruelle et la dictature de la Prusse ! N'était-ce pas un tableau digne d'inspirer un peintre ? Le gouvernement pouvait répondre maintenant : le maréchal était là! Mais n'importe ! le paysan du Danube avait parlé, et par delà les Vosges, la France écoutait.

Toutes ces manifestations du charlatanisme gouvernemental me ramènent par une transition toute naturelle au carnaval, qui a été extrêmement brillant. C'est la saison des déguisements. Inutile de te dire que tout ce monde officiel a beaucoup de charmes sous le masque et que certains personnages des hautes sphères portent le domino à ravir. On a fait danser et valser toute la conférence du Congo.

On s'est déguisé en noir, en blanc, en jaune; il n'y a que les Arabes qui manquaient à la fête, une attention délicate pour les Anglais qui n'aiment pas les burnous. L'ambassade d'Italie avait adopté le costume égyptien, encore un peu court, mais cependant très remarqué. Au prochain bal, on élargira les manches ainsi que les poches et l'on prendra des mesures plus exactes chez les tailleurs anglais.

V

Les Allemands traversent une crise et sont bien à plaindre. Un grand homme est mort et il n'était pas Allemand! L'Allemagne porte le deuil de son dépit, et en guise de consolation, jette à poignée des sarcasmes et des mépris sur l'œuvre du grand poète. Ainsi Victor Hugo entre dans l'immortalité, escorté par les acclamations de l'humanité pensante, et par les impertinences des Allemands. Le poète et le patriote auront eu toutes les gloires.

Certes les couronnes que déposeront sur sa tombe toutes les nations de l'univers, seront chères à son ombre et honoreront sa mémoire; mais les coups de sifflets des Allemands salueront le patriote et glorifieront sa grande renommée ainsi que des hymnes triomphales.

Comment qualifier le genre de stupéfaction que fait éprouver la lecture des journaux allemands? Je ne parle que de ceux qui ont la prétention d'être littéraires. Sont-ce des clowns qui ont écrit ces pirouettes et ces grimaces, ou sont-ce des idiots? Il est impossible de ne pas hésiter entre ces deux sortes de types.

La querelle est grave. Les Français (pardon, les Welches) ont dit : « Victor Hugo est le plus grand homme du siècle; c'est un génie universel, le premier parmi les hommes de son temps; sa gloire appartient à l'humanité. » Et ces titres les plus légitimes de l'admiration et de la reconnaissance ont mis les Allemands dans une telle exaspération, qu'ils en sont devenus amusants.

Ces excellents Teutons, depuis leur alliance

avec Krupp, se sont convaincus qu'ils étaient devenus le monde : ils l'ont absorbé. L'esprit de l'Univers était errant : il est venu transmigrer dans l'âme germanique ; et c'est lui qui anime ce grand corps et lui communique le génie.

L'Allemagne est devenue l'Olympe, la patrie privilégiée de la gloire, de l'art et de l'inspiration. De même qu'il n'y a qu'une seule armée, l'armée allemande, il n'y a qu'une littérature, une seule poésie, une seule langue. L'Allemagne représente l'Humanité, et tous les peuples sont tributaires de ses gloires.

Je voudrais te donner une idée de ce fétichisme officiel sans paraître exécuter une charge ; mais la mesure est difficile à garder et les Allemands seuls, ont le don de célébrer leur apothéose avec l'air sérieux des gens qui s'imaginent que c'est vrai. Car ils sont à la fois dieux et pontifes. Ils se rendent des hommages, ils s'adorent eux-mêmes. Ne touchez pas à la savante organisation de ce culte, vous seriez foudroyé par le Jupiter tonnant qui, d'un geste, fait trembler le monde, et dont le « *quos ego* » terrifie les plus puissants ministres. Adorez l'idole, courbez l'échine germaniquement, et récitez avec dévotion la prière officielle : *Deutschland* (bis) *über Alles in der Welt* ! l'Allemagne au-dessus de tout dans le monde ! l'Allemand seul est grand ! le génie n'appartient qu'à l'Allemagne ! Inclinez-vous par trois fois, et passez à la caisse : payez l'impôt progressif qui, lui aussi, menace de parvenir *über Alles*, au-dessus de tout. Alors vous êtes Allemand.

Mais aujourd'hui un nouvel article a été ajouté au symbole de la germanomanie ; il faut dire : il n'y a qu'une seule poésie au monde, c'est la poésie allemande ! Gœthe est le dieu du Parnasse germanique !

Victor Hugo n'est qu'un pygmée, un Welche ! Ah ! il faut les entendre : jamais orateurs d'estaminets, jamais étudiants de vingtième année n'ont débité plus d'inepties, n'ont écrit plus de phrases creuses ! ils sont là une tribu de plumitifs qui grimacent leurs impuissants outrages à la mémoire du géant endormi ; ils accablent sa gloire de dédains et de dénigrements, flèches qui se brisent contre le granit, et dont les éclats vont se confondre parmi les couronnes amoncelées de l'admiration universelle.

Le grand homme sur le piédestal élevé où le monde l'a placé, comme un phare, les gêne ; ils ne veulent pas que son front, ce volcan du patriotisme français, s'aperçoive par delà les Vosges : ils voudraient éteindre à jamais sa renommée vivante ; ils ont peur de ses pensées. Efforts stériles ! l'homme tout entier, cœur et esprit, domine de sa haute taille toutes les rivalités allemandes, et, le regard éternellement fixé vers les frontières, inspirera les courages pour les combats de l'avenir. Le génie poétique de Victor Hugo appartient à l'Univers. Parmi ces scribes ignorés et ignorants, aucun n'aura eu plus d'audace que le correspondant parisien du *Journal Royal privilégié* de Berlin. Ce docteur teuton écrit des énormités. Je n'en parlerais pas si ce journal ne passait pour être l'organe des Académies et des Universités allemandes. Il est bon de savoir ce qui plaît à l'Allemagne savante.

Voici en quels termes s'exprime le correspondant de cette feuille littéraire et libérale : « Comme politique, Victor Hugo a été une girouette; comme philosophe, un enfant inconscient et balbutiant; comme écrivain, un indiscipliné sans méthode ni génie, un fabricant de romans de colportage; comme auteur dramatique, une sorte d'historien tintamarresque. »

Comme tu le vois, c'est un jugement : il résume toute la carrière du poète; l'Allemagne n'en désire pas davantage. Il suffit qu'on lui parle du « son du cor », dans *Hernani*, pour que l'œuvre soit jugée. De l'artiste et de son art magique, pas un mot. Les Allemands n'ont entendu que le son du cor.

Mais ce qui dépasse les limites de la vraisemblance, c'est la manière dont ces Allemands apprécient l'affection que le peuple français et en particulier les Parisiens, avaient pour leur vieux poète : « Victor Hugo n'était plus un homme, mais un fétiche, ou pour employer un mot plus poli, une idole. Il était l'objet d'un culte; on ne s'approchait de lui qu'à genoux. C'était le dieu national. Il avait son clergé composé de grands prêtres, de prêtres et de lévites. »

Ce spirituel docteur crée même un mot nouveau, la Victor-Hugo-religion, dont les fidèles sont des fanatiques, naturellement. Ils vont même jusqu'à honorer les petits-enfants du dieu, égaux du dieu lui-même.

Ce qui blesse l'Allemand et excite sa mauvaise humeur, c'est le symbole de foi patriotique qui réside dans ces deux mots que l'immortalité a adoptés : Victor Hugo. Il a peur du mot « Victor », comme s'il était la prophétie de l'avenir, et il hait par avance ce nom glorieux, ce nom victorieux. Mais écoute encore parler cet honnête Allemand : « Le culte de Victor Hugo était national. Vaincue sur les champs de bataille et dépossédée de son antique renommée guerrière, la France avait besoin de se refaire une gloire nouvelle. Victor Hugo a été l'homme de la circonstance. Son talent poétique le désignait pour tenir ce rôle, ainsi que la haine irréconciliable qu'il entretenait contre l'Allemagne et qu'il exprima dans l'*Année Terrible*. Il devint l'idole de la Nation. On le comparait à Shakespeare et à Homère; il surpassait Dante et Gœthe. Son nom était synonyme de revanche, et c'était pour la France vaincue et humiliée une compensation glorieuse à ses défaites de compter parmi ses enfants le premier des hommes. Le nom de Victor Hugo était le mot d'ordre de tous les ennemis de l'Allemagne. C'était là la raison de tous les hommages qui s'adressaient au poète et qui lui arrivaient de toutes parts, de Paris et de Rome, de Bucharest et de Madrid, d'Athènes et de Pesth, de Copenhague et de Varsovie, de partout où l'on hait l'Allemagne. »

L'aveu est bon à retenir : partout où l'on hait l'Allemagne, — il paraît que ce n'est pas seulement en Allemagne, mais dans toute l'Europe, — le nom de Victor Hugo est honoré. Les Français ne sont donc pas les seuls courtisans de ce roi de la pensée : sa cour se composait de toutes les grandes capitales du monde.

L'Allemagne a accusé la France de byzantinisme ; a-t-elle donc oublié toutes les cérémonies de l'apothéose de son prince Bismarck ? Si jamais peuple a exagéré le culte de ses grands hommes, c'est bien ce peuple allemand, avide de cortèges et d'acclamations, et qui ne sait plus honorer que ses maîtres. Il fait des ovations triomplales à l'homme qui représente la force brutale, et dont l'œuvre ne s'est faite qu'à coups de canon. Il le couronne de fleurs comme un bienfaiteur ; il célèbre ses exploits comme s'ils avaient été une délivrance nationale.

Qu'a-t-il donc fait? Il a chassé les princes de leurs Etats ; il a organisé par la violence cette Unité que les patriotes allemands avaient rêvé de former au nom de la liberté. Voilà son œuvre. Il a créé une caste militaire qui a envahi tous les emplois et qui s'enrichit aux dépens de la nation plus imposée que jamais ; il a traité la liberté en ennemie et violenté les consciences. L'Unité ne s'est faite que par la guerre et la spoliation, et ce grand héros n'est parvenu à s'attirer les hommages serviles de la patrie que par la terreur qu'il inspire à tous ceux qui se sentent sous sa dépendance.

Ah ! si Victor Hugo avait été Allemand et qu'il eût écrit contre la France ce qu'il a écrit contre l'Allemagne, quelle gloire serait la sienne ! quel rayonnement entourerait son nom ! L'Allemagne officielle en eût fait un dieu, et la nation l'eût acclamé comme le premier des hommes ! Son nom fût devenu le drapeau de l'Unité.

Mais Victor Hugo n'est qu'un Welche, et n'a droit qu'au mépris des Teutons.

Voilà, mon cher ami, quelques notes qui te permettront d'apprécier la critique telle qu'on l'aime dans ce pays. Ce n'est pas encore un idéal ; jamais les Lettres ne réconcilieront les Occidentaux.

VI

Je recueille dans un journal de Munich, l'*Algemeine Zeitung*, une phrase qui ne manque pas d'originalité ; elle sert de conclusion à une série d'articles publiés sur la politique générale de la France pendant l'année 1884 et exprime une opinion très courante : « *E sempre bene !* Si le prince de Bismarck exauce le désir que nous entretenons dans notre cœur ; s'il réconcilie la France et l'Allemagne, il sera — maintenant qu'est-il ? — le plus grand génie politique qui ait jamais existé. Qui vivra verra. »

Voilà bien, en effet, le cri du cœur — est-ce ainsi qu'il faut l'appeler ? — Ces Bavarois sont excellents ; il sont inquiets de l'avenir : « qui vivra verra ». Ils sentent que l'Allemagne sans la France n'a que des destinées incertaines ; mais si Paris et Berlin fraternisaient, ils se partageraient la puissance du monde.

C'est toujours la même politique. Il y a vingt ans, Berlin et Vienne fraternisaient aussi ; mais Sadowa vint bientôt dissiper l'illusion : Paris laissa faire et paya cher sa philosophique indifférence. Saint-Pétersbourg laissa faire aussi, et maintenant il faudrait que Paris laissât faire encore, afin que

Pétersbourg reçoive le prix de son impolitique abstention, lors des événements de 1870.

Si cet événement s'accomplissait, Berlin serait la capitale du monde.

L'habileté du chancelier, et il faut en vérité qu'il ait une formidable opinion de la naïveté des diplomates, consiste à rejouer constamment la même partie. Il promet à tout le monde, et tout le monde est trompé. Aucune difficulté ne le rebute; il sait que pour triompher de la Russie, il faut gagner Paris, et il tente l'opération. Il cajole la France; il lui fait des offres; il consent, pour lui être agréable, à se fâcher avec les Anglais; il mécontente l'Espagne et l'Italie, qui font son jeu le plus diplomatiquement du monde, dans l'espoir d'une récompense promise. Il se met enfin à faire de la politique coloniale; ô merveille! il s'occupe du Congo, et les diplomates regardent sans rire ce maître homme qui défend les intérêts des nègres de l'Afrique centrale! lui, Bismarck, discutant avec le reporter Stanley sur la neutralité des territoires du Congo!

Trouve donc une antithèse qui vaille celle-là! Cherche dans les rhétoriques; interroge tous les pédants de l'Univers; je te défie de trouver un exemple aussi stupéfiant: Bismarck s'occupant du Congo! c'est à en revenir?

Et il existe des hommes sérieux pour lesquels

cela est tout naturel. Dans les cercles diplomatiques de Berlin, c'est le sujet de toutes les conversations; on n'entend parler que du colonisateur Bismarck: « Quel grand homme, ce chancelier! comme il a compris le Congo! c'est admirable! » Tel qui n'y voyait que du feu — et il avait raison — avant la réunion de la conférence, est devenu maintenant un enragé africain; il n'y a de vrai que le Congo, le Congo seul est aimable. Ce qui renverse, passe-moi l'expression, les amateurs des colonies, c'est la manière dont s'y prend le chancelier pour se faire un empire colonial. Tu sais sans doute le procédé. On hisse un drapeau sur le pays qu'on désire protéger ou annexer: le lendemain, une dépêche annonce au monde qu'une colonie allemande vient d'être fondée. On entend hurler pendant quelque temps les Anglais, comme si on leur écrasait le pied; puis ils finissent par se calmer.

C'est ainsi que M. de Bismarck traite la question coloniale, à la corsaire.

Survient-il un obstacle? Par exemple, hisse-t-on le pavillon allemand sur une côte déjà empanachée! oh! alors c'est un événement diplomatique; toute l'attention s'y porte; les journaux retentissent de réclamations acerbes; on se montre les poings; on se dit de gros mots; bientôt toutes les passions sont incandescentes: c'est le moment où le chancelier, à la manière d'un *Deus ex machina*, sort de la coulisse.

Que dis-tu du système? Est-ce qu'il n'est pas ingénieux? Ce n'est cependant ni plus ni moins que la méthode des faiseurs de tours. Quand ils veulent faire un escamotage à gauche, ils désignent la droite à toute l'assemblée, et toute l'assemblée, contemple la droite aussi longtemps qu'il plaira au charlatan, qui opère pendant ce temps son petit tour à gauche. Personne ne regarde.

Ainsi manœuvre M. de Bismarck; il va se promener le long des côtes d'Afrique; qu'y va-t-il faire? Il n'y a ni Russes, ni Français en Afrique. Les diplomates se cassent la tête et découvrent des plans effrayants; par bonheur, M. de Bismarck explique en plein Parlement qu'il va créer des colonies, tout bêtement.

Ne veut-il pas la paix? mais il n'y a pas d'homme plus pacifique! Survient Stanley: ah! Stanley! quel grand homme! il le presse sur son cœur. Enfin, il va donc pouvoir s'occuper des nègres, le rêve de sa vie! Et le Congo devient la grande affaire passionnante qui attire à Berlin les diplomates des plus grandes nations de l'Europe. Ils sont là autour d'un tapis vert qui discutent sur le Congo: il n'y en a pas un qui sache réellement pourquoi! cela ne fait rien. Ils proclament la liberté du commerce, — il n'y a pas de commerce;

ils abolissent l'esclavage et élaborent une constitution, comme s'il y avait un peuple nègre et un gouvernement ; qu'est-ce que cela leur fait ? Ne suffit-il pas qu'ils soient convaincus que M. de Bismarck n'a plus qu'un seul souci politique, la grandeur du Congo ? Vous croyez qu'il rêve à la Russie, à la France... erreur profonde ! Il est tout entier au Congo, à Cameron, à Santa-Lucia. Le Zululand le tente ; il veut des lignes de steamers sur tous les Océans ; il devient réellement ambitieux.

Est-ce que cela ne te paraît pas une comédie bien instruite ?

Vois-tu, la panacée universelle c'est la politique coloniale. Le chancelier la prend à haute dose, et en bon apôtre qu'il est, il en offre à tous ses voisins : « Prenez mon ours. » Bientôt on assistera à ce curieux spectacle ; on verra toutes les nations de l'Europe errant sur toutes les mers et cherchant des côtes annexables, afin de faire enrager messieurs les Anglais. Car l'entreprise n'a pas d'autre but.

Il y a quatre-vingts ans Napoléon décréta le blocus continental ; M. de Bismarck refait la même campagne, mais à rebours. Il lâche toutes les flottes de la terre sur toutes les côtes ; il excite à outrance la fièvre des entreprises maritimes ; il défait anneau par anneau la chaîne séculaire qui rivait le monde colonial aux arsenaux de l'orgueilleuse Angleterre, et quand le moment sera venu, il ouvrira toutes grandes les portes des Indes, pour que la Russie y passe et conquière ce merveilleux pays des légendes antiques où ira dormir d'un profond sommeil son dangereux panslavisme. L'Angleterre est si peu de chose !

VII

La nouvelle ne fait pas encore de bruit à l'étranger, mais ici elle fait l'objet de toutes les conversations. Je veux parler de l'Exposition universelle de Berlin. Elle aura lieu en 1888, dit-on.

En général, les gouvernements qui s'offrent le luxe d'une Exposition universelle doivent faire des démarches auprès des gouvernements étrangers et s'assurer leur concours. C'est même la condition nécessaire pour que l'exposition soit universelle. C'est ainsi que Paris, Londres, Vienne, Philadelphie, Amsterdam et Anvers ont organisé leurs expositions. Berlin aurait évidemment la certitude parfaite de réunir dans la capitale de l'Allemagne tous les marchands et tous les industriels du monde, et par conséquent acquerrait le droit d'appeler universelle son exposition, mais voici le comique de la situation, ce ne serait pas une Exposition universelle allemande. Ah ! tu vas être étonné ! car les Allemands ne sont pas tous partisans de l'Exposition de 1888. Conçois-tu que Berlin puisse inviter et recevoir toutes les nations de l'Univers, excepté... l'Allemagne ? Une véritable cabale est organisée contre le projet, cabale qui met aux prises dans une dispute inattendue, mais bien divertissante, le rêve de l'unité allemande et la réalité.

Les Prussiens sont trop vaniteux pour qu'il soit possible de ne pas leur faire sentir leur dépit ; c'est une exposition admirable que celle qu'ils offrent en ce moment : l'Allemagne ne pouvant pas se constituer en unité pour faire honneur à tous les peuples de la terre ! l'Allemagne incapable d'oublier ses divisions intérieures, même pendant six mois, pour faire croire au monde civilisé que la couronne impériale représente quelque chose ! N'est-ce pas là un joli lever de rideau ? Je n'invente rien ; les journaux comptent l'affaire le plus naïvement du monde. Ces gens-là ne doivent vraiment pas savoir ce que c'est que l'unité nationale ; c'est leur excuse.

L'Allemagne est encore organisée en corporations : ses « verein » et ses « verband » sont des machines très sérieuses qui ont des statuts et des bannières, et qui sont très anciennes. Ces Sociétés ressemblent beaucoup pour l'influence aux comités électoraux de Paris. Ce sont en réalité de petites puissances qui ont leurs volontés, leurs habitudes, même leurs traditions, et parmi celles-ci il en est qui consistent tout simplement à obéir au grand maître de la corporation. C'est une tradition que le gouvernement peut trouver très gênante à l'occasion ; la preuve en est qu'il y a actuellement des maîtres-jurés qui refusent leur concours aux organisateurs de l'Exposition Universelle de Berlin : ils ne veulent pas participer. On a beau leur dire que la Chine a accepté, que le Congo a accepté, rien n'y fait ; ils refusent obstinément.

Le gouvernement a vainement essayé de substituer son influence à celle des traditions. Les Allemands veulent bien de l'unité, mais à la condition de rester ce qu'ils étaient avant la fondation de l'unité. Ils ont encore du bon sens : ils gardent ce qui a de la durée et abandonnent aux rêveurs la magie des mots. L'unité est une jolie expression, mais c'est tout.

Cependant il n'y a pas à en douter, le gouvernement désire son Exposition. M. de Bœtticher, ministre d'Etat, recevant ces derniers jours une députation de la corporation des marchands de Berlin, n'a pas pu s'empêcher de reconnaître que le projet de l'Exposition rencontrait beaucoup d'oppositions en Allemagne, et qu'il fallait avant toute chose vaincre ces premières difficultés. On s'est donc mis bravement à l'œuvre, et on espère que les

Allemands finiront par accepter l'invitation de Berlin. Singulière organisation !

Tu ne te douterais jamais d'où est partie l'opposition : de la Prusse rhénane. C'est du Rhin tant idolâtré par les Prussiens, c'est presque incroyable. Voici ce que je lis dans le *Tageblatt* de Berlin, le 2 juin : « Le quartier général de l'opposition est « en Prusse rhénane. Nous ne pouvons pas com« prendre que quinze années après la fondation de « l'empire d'Allemagne nos compatriotes aient « encore conservé leur *ancienne aversion* contre la « Prusse et contre la capitale de l'Allemagne, Ber« lin. Certes, nous ne mettons pas en doute le « patriotisme prussien et allemand des industriels « qui habitent ces provinces, mais il n'y a pas à « contester qu'une agitation des plus violentes a « a été excitée par eux contre une entreprise hau« tement patriotique, la première Exposition uni« verselle allemande, Exposition qui ne peut avoir « lieu naturellement qu'à Berlin, capitale de l'Al« lemagne.

« On s'est habitué en Prusse rhénane, aux rela« tions avec les voisins ; au point de vue des inté« rêts, la Hollande, la Belgique, l'Angleterre, la « France ont plus de sympathies que l'Allemagne ; « et il est logique de penser que les industriels des « provinces rhénanes participeront à l'Exposition

« universelle de Paris en 1889 avec plus d'ardeur « qu'à l'exposition de Berlin en 1888.

« Mais cette Exposition de Paris est encore in- « certaine : le projet n'a même pas été soumis au « Parlement ; et c'est pour l'amour d'une Exposi- « tion qui n'aura peut-être pas lieu, qu'en Alle- « magne on renoncerait à l'espoir de réunir enfin « une fois dans une commune exposition toutes les « productions du travail national ! En fait, cette « sorte de patriotisme n'est seulement possible « qu'en Allemagne, et toutes les séductions ima- « ginaires de l'Exposition de Paris ne peuvent « troubler les promesses brillantes de l'Exposition « de Berlin. »

La citation n'est-elle pas curieuse ! elle est textuelle cependant. Quels aveux entre les lignes, et comme Paris doit se réjouir, en dépit de tout, d'être si odieusement insupportable à ses vaniteux ennemis — j'allais dire ses voisins ! Mais non : ses voisins ce sont précisément ces provinces de la Prusse rhénane qui, quinze années après la fondation de l'empire d'Allemagne, non seulement n'ont pas cessé de détester la Prusse, mais ont conservé pour la France des souvenirs sympathiques ; ses voisins, ce sont les anciennes villes françaises du Rhin, que la gloire d'appartenir à la maison des Hohenzollern n'a pas suffisamment séduites, et qui préfèrent aux expositions de Berlin les expositions de Paris. Voilà les voisins de la France! Il faut aller à Berlin, en Prusse et en Saxe pour trouver des ennemis, à plus de cent lieues des frontières !

Je t'ai déjà maintes fois exprimé que le trait particulier du caractère allemand moderne était l'outrecuidance ; c'est leur manière d'être fiers.

Je ne crois pas qu'il soit possible de rencontrer un exemple plus étonnant de chauvinisme grotesque que ce passage du *Tageblatt* de Berlin. Trouver moyen d'avouer que Berlin n'a pas encore pu parvenir à réaliser le projet patriotique d'une exposition universelle, et déclarer qu'il n'y a que l'Allemagne seule qui possède le patriotisme qu'il faut pour mettre ce projet à exécution, c'est un comble, un des mieux conditionnés qui aient jamais été trouvés; et ici ils ont tant d'esprit qu'ils en font de cette espèce sans s'en apercevoir : cela coule de source.

Il faut rire de ces excentricités folâtres, qui finissent par convaincre que toute cette épopée surchauffée n'est que le demi-monde de la gloire. Quand on voit de près cet orgueil, on en découvre bien vite la fausse grandeur : tous ces gens-là portent des costumes qui n'ont pas été faits pour leur taille. Héros endimanchés, il suffira d'une averse pour les faire rentrer chez eux.

J'ai souvenance que les hautes têtes de Berlin

avaient toujours dédaigné les expositions universelles. Ces dédains ressemblaient fort à ceux du renard de la fable : quand les raisins sont hors de portée, ils sont toujours trop verts. Je comprends aujourd'hui que l'Allemagne officielle ait méprisé les expositions universelles : elles étaient irréalisables ! Ils ne s'en étaient pas vantés les malins ! Mais tout finit par se savoir. Même après quinze années, l'Allemagne du Rhin déteste encore la Prusse. C'est un journal de Berlin qui l'a imprimé ; le renseignement est bon à enregistrer.

Ce journal est vraiment étonnant ! Il a la complaisance de reconnaître qu'au fond le gouvernement est sympathique à l'Exposition niverselle de Berlin. Mais je le crois bien ! depuis plus de dix ans, il n'aspire qu'à réaliser ce grand projet, qui doit consacrer définitivement Berlin comme la capitale du monde. Berlin veut goûter toutes les joies de Paris, s'enivrer de fêtes et de discours et réunir les assemblées grandioses où brilleront toutes les couronnes de la terre. Berlin veut étaler ses merveilles modernes, ses rues de Frédéric et de Leipzig, ses nouvelles gares et ses « Linden », ce vieux mail démodé où se tiennent les marchands de journaux français. Et puis, c'est tout. De monuments il n'y en a pas : c'est trop récent.

Ah ! il leur sera difficile de convaincre les étrangers que l'Exposition de Berlin sera « au-dessus de tout dans le monde » ! Paris manquera à la fête, et un « Paris » ne se fonde pas en quinze ans. Il faudra repasser dans quelques siècles, bourgeois de Berlin ! D'ici là, travaillez dur ; bâtissez des cathédrales et des Louvre ; sur la Sprée dix fois élargie construisez des ponts ; tracez des boulevards ; plantez des parcs, ayez une place de la Concorde et des Champs-Elysées, et donnez à Berlin l'esprit de Paris, la renommée de Paris, la langue française, le goût français... et la femme française ! Alors vous pourrez faire des expositions vraiment universelles et peut-être nationales ; mais jusque-là, « nichts » ; Berlin, comme devant !

Au moment où je ferme ma lettre, pris de pitié pour les malheureux organisateurs de l'Exposition universelle de Berlin, j'ai la tentation d'adresser au Comité la formule suivante :

« Le Comité d'organisation de l'Exposition uni-
« verselle de Berlin,

« Vu la résolution des industriels de Prusse
« rhénane, du Hanovre, du Schlewig, d'Alsace-
« Lorraine, de Pologne, etc., de ne pas participer
« à l'Exposition universelle de Berlin ;

« Vu la déclaration fournie par le *Tageblatt* de
« Berlin, que depuis quinze ans l'aversion des
« provinces rhénanes, du Hanovre, etc., pour la
« Prusse n'a pas diminué ;

« Décrète :

« Art. 1er. — L'Exposition de Berlin aura lieu
« cependant en 1888 ;

« Art. 2. — Elle portera par autorisation spé-
« ciale le titre d'Universelle, quoiqu'elle ne soit
« pas allemande ;

« Art. 3. — Elle devra être infiniment plus
« grandiose que l'Exposition de Paris de 1889,
« laquelle sera allemande.

« Le ministre du commerce est chargé de l'exé-
« cution du présent décret.

« Par l'Empereur,

Signé : « BISMARCK. »

VIII

Il n'y a décidément pas moyen de devenir un grand homme ! Le prince de Bismarck s'y oppose. » J'ai entendu cette phrase hier soir à la Cour, et elle m'est restée dans le souvenir comme un refrain. Le fait est vrai : le chancelier est un personnage excessivement gênant quand on ne veut pas se reconnaître son très humble serviteur. C'est ce que vient d'éprouver le comte Granville, le plus infortuné de tous les grands hommes... stagiaires. L'aventure est plaisante quoique grave.

15

Il y avait longtemps déjà que le prince de Bismarck se contenait : les Anglais lui donnaient sur les nerfs, malgré la complaisance « délicate » qu'ils ont mise à laisser prendre Khartoum et à compliquer la situation en Egypte. Il semblait que l'Allemagne devait bien quelques sympathiques condoléances au sort du héros Gordon si maladroitement sacrifié par les ministres de la reine ; on supposait qu'elle ferait taire pour le moment les exigences de son audacieuse politique. Mais le chancelier avait ses nerfs ; il voulait un éclat qui fit trembler l'Europe, et tu verras par le détail de cette affaire, quel retentissement elle a eu. C'est un événement.

S'il te prend la fantaisie d'analyser le dossier de toutes les pièces que tu recevras par ce courrier, tu y trouveras exposée avec une grande richesse de couleurs et par un maître, la théorie appelée communément : « querelle d'Allemand ». Bismarck, qu'on le considère sur son grand cheval de général de cavalerie, ou bien à la tribune, est le type, j'allais dire le héros, de ces bretteurs d'autrefois qui mettaient leur gloire à inventer des aventures pour les faire courir aux autres. Il a une imagination merveilleuse pour dresser de mauvaises plaisanteries ; il tourne les moindres incidents en conflits menaçants ; il parle, il s'agite, on ne sait trop s'il raille ou s'il dit vrai ; cela est à la fois sucré et acide, comme la salade allemande ; un affreux mélange en somme qui produit des effets déplorables.

L'histoire impartiale appellera le chancelier de son vrai nom : le roi des mauvais coucheurs.

A propos d'une publication de documents d'une importance... diplomatique; — il faut laisser aux qualificatifs tout leur mérite — le chancelier s'est vu dans l'obligation de faire à la tribune du Reichstag un cours de convenances diplomatiques, et il a profité largement de l'occasion pour donner de bons coups de baguette sur les gros doigts du collègue Granville. Ces prétendues indiscrétions n'étaient qu'un prétexte ; mais comme il était bien choisi ! car, elles contenaient la plus noire des accusations qui aient jamais été formulées contre ce scrupuleux observateur du bon droit des autres qui s'appelle Bismark.

Avoir révélé au monde que lui, ministre prussien, avait eu l'indélicatesse de conseiller au gouvernement anglais de s'emparer de l'Égypte ! s'emparer ! fi ! le vilain mot ! Peut-on imaginer accusation plus horrible? Tu es indigné comme moi, n'est-ce pas?

Ces indiscrétions sont venues juste en temps, comme mars en carême. Tu n'as qu'à suivre les incidents.

L'empereur Guillaume qui exerce sa patience à calmer son bouillant ministre et qui n'y arrive pas toujours, était fort inquiet de la tournure que prenaient les affaires coloniales. Il a beau être éclairé sur l'importance énorme de l'affaire, il s'obstine à ne pas comprendre. Il ne voit pas sa flotte, la flotte impériale, ses amiraux et ses capitaines, occupés à bombarder des forteresses de paillassons et triomphant « héroïquement » de la résistance des nègres. L'empereur Guillaume a le respect de ses soldats. Le chancelier fait feu de tout bois, et n'a pas ces délicatesses. Une victoire est une victoire; c'est un bulletin retentissant pour le grand public qui aime bien mieux la grosse caisse que les symphonies. Les coups de canon font bondir le patriotisme. Le prince connaît son public. L'empereur, lui, a sa famille. Il est très sensible aux doléances de sa belle-fille et croit qu'il est de son devoir de rester en bons termes avec une Cour dont les provinces ne figurent pas dans le catalogue des États à annexer. Il a donc obtenu de son chancelier que les flottes feraient moins de tapage et qu'on rassurerait l'Angleterre sur les bonnes intentions de son gouvernement.

Ce qui fut fait. Le prince fit des politesses à sir Malet, l'ambassadeur anglais, et la princesse impériale rentra, triomphante, dans son petit atelier où elle peint des paysages.

La princesse Victoria se souvient assez souvent qu'elle est fille de reine et future impératrice d'Allemagne, et se dit, non sans raison, qu'elle peut bien se rappeler qu'elle est Anglaise puisque la czarine et la princesse de Galles ne savent pas oublier qu'elles sont danoises. Cela présage pour l'avenir de jolies querelles de ménage !

Le chancelier a de tout temps détesté les femmes politiques. On a même dit à cet égard qu'il manquait de courtoisie ; il s'en est défendu violemment à la tribune, comme un homme qui eût préféré passer pour un « galant ». Le reproche lui est sensible ; il voudrait — fantaisie de vieillard ! — échanger son titre de chancelier de fer contre celui de chancelier de chair — et illustrer les vitrines d'Unter den Linden sous les traits d'Hercule « politiquant » aux pieds d'Omphale, et contant fleurettes à l'objet aimé pour distraire les loisirs que lord Granville encombre de ses notes fastidieuses. Mais hélas ! il est trop tard pour convaincre même les députés du Reichstag de cette joyeuse métamorphose, quoique les députés ne demanderaient pas mieux que de savoir le chancelier... amoureux.

La future impératrice s'imaginait donc avoir battu le terrible ministre de son beau-père. Oui : mais,

> Du bout de l'horizon accourt avec furie,

une simple petite dépêche qui annonce la marche

des Russes sur Hérat. Voilà l'Angleterre prise d'une terreur folle; les ministres tiennent des conseils effarés; toute la nation est dans l'angoisse. Pense donc ! la Russie en route pour les Indes ! De nouveau la princesse impériale vint trouver l'empereur pour le supplier d'intervenir. « Oui, sans « doute, répond le souverain ; mais cela regarde Bis-« marck. » Lui ! toujours lui ! Voudra-t-il ?... On appelle le chancelier ; il était au Reichstag, en train de tonner contre lord Granville, et jetant dans le débat autant de paroles hautaines et sarcastiques qu'il éprouvait de désirs d'être désagréable à Son Altesse l'Anglaise.

Le désarroi fut complet à la Cour ; les partisans du prince chuchotèrent l'intrigue, et se dirent que puisque le chancelier s'était fâché, c'est qu'il avait envie de rendre un service. Et de fait, tout se termina à l'amiable.

Le chancelier promit d'intervenir auprès de son collègue de Saint-Pétersbourg qui, en très complaisant partenaire, démentit la dépêche d'Hérat ; puis on envoya le fils de Bismarck à Londres pour donner une poignée de main à lord Granville et lui dire : « Vous savez, mon père vous a tiré « d'un mauvais pas. Giers a été très dur à rame-« ner ; nous le retiendrons ; mais, donnant donnant : « soyez moins susceptible à l'égard de nos entre-« prises coloniales ; surtout pas de notes aussi

« longues, nous n'avons pas le temps de les lire. »

« Ainsi finit la comédie. La princesse impériale est de nouveau remontée à son atelier pour faire des paysages. Elle trouve que le chancelier a été aimable et elle se croit très habile en politique. Avoue que le métier d'homme d'Etat très fort est bien amusant !

Cette séance du Reichstag restera donc parmi les plus précieuses de la saison, je veux dire de la session — c'est un « lapsus ». Il y en a déjà eu de bonnes, mais celle-ci a la palme.

Un discours du chancelier a cela d'étonnant qu'il apprend toujours quelque chose. C'est si rare de trouver un discours instructif que le cas mérite d'être mentionné. Le prince a le don de s'emballer à la tribune, et une fois au galop il raconte de petits détails d'importance. Il n'aime pas les notes diplomatiques des autres, et en particulier les notes de lord Granville. La manière dont il dit cela est charmante. « Ce n'est pas dans les usages, lorsqu'on « possède un ambassadeur, de lui envoyer une « note sous pli cacheté et de le prier simplement de « la remettre au chancelier. Un ambassadeur n'est « pas un commissionnaire. La règle admise est de « donner des instructions au plénipotentiaire lequel « a des conférences avec le chancelier ; alors les « négociations ont lieu « mündlich » c'est-à-dire « oralement. Si on a à discuter, on discute, münd-

« lich, et non par lettre close où ne s'expriment que « des volontés et non des opinions susceptibles d'être « modifiées. » Lord Granville est un malin et il se défiait de ce mündlich comme du diable. Il savait que sir Malet n'était pas de force à « mundlicher » avec le chancelier ; aussi lui envoyait-il ses instructions bien définitives et bien fermées. Malet attendait la réponse et la communiquait sans commentaires. Tu comprends que le chancelier ne pouvait plus y tenir ; sir Malet était devenu muet ; il fallait lire des notes qui n'en finissaient plus, et pas la moindre occasion de bénéficier des faveurs d'un petit « mundlichage » : c'était désolant.

La façon dont le chancelier a prononcé ce « mündlich » vaut un long poème. Il en a caressé les contours avec toutes les passions d'un artiste épris de son art. Michel-Ange n'eût pas prononcé le nom de Moïse avec plus d'enthousiasme, ni Napoléon celui d'Austerlitz. Le mot résume, en effet, toute sa vie : il est le talisman qui lui a conquis sa fortune politique ; sans ce mündlich la Prusse serait encore la Prusse, et ni l'Autriche, ni la France, ni le monde entier ne seraient sous la domination de ce grand homme de fer.

L'Angleterre, qui jusqu'ici faisait la fière dans son île et qui se vantait d'être hors de portée des coups de plume du chancelier est maintenant dans sa main. Le tour est joué, et il n'a plus qu'à tirer la ficelle pour faire sauter Gladstone, Granville et tous les Anglais. Le colosse britannique tourne au mannequin ; nous entendrons parler bientôt de projets d'alliance, d'entente cordiale et d'une foule de jolies choses qui prouveront au monde que la royale Angleterre a rendu le dernier soupir. La voilà chanoinesse honoraire de la basilique de Berlin. *God save the queen!* Hurrah !

IX

Quand on parlait de la Pologne, il y a quelque trente ans, on excitait encore dans la vieille France — qui ne se découragera que difficilement d'être généreuse — des sympathies et des regrets. Cette commisération n'est plus aujourd'hui qu'un souvenir... poétique ; et si jamais des Français devaient marcher au secours des Polonais ils devraient traverser les Vosges et délivrer cette partie de la France qui a subi le sort de la Pologne. Charité bien entendue commence par soi-même.

C'est en Prusse qu'il est le plus souvent question de la Pologne, et tout récemment une brochure intitulée la *Question polonaise* a ramené l'attention publique sur ce malheureux pays. L'auteur de la brochure est un Prussien et l'on peut s'imaginer dans quel esprit elle a été écrite. C'est l'œuvre d'un fonctionnaire zélé qui sans doute ambitionne une promotion quelconque ; car il est d'usage dans la grande Allemagne que les employés qui aspirent aux postes supérieurs témoignent de leur mérite par des œuvres patriotiques. Quand on a à son dossier deux ou trois publications de ce genre — on peut au besoin se les faire faire — on est certain d'arriver. C'est un moyen très commode : en Allemagne il n'y a que l'embarras du choix. Les questions pullulent ; on en a mis partout. Il y a la question alsacienne qui est une mine inépuisable. Le fonctionnaire va faire un tour à Metz et à Strasbourg et recueille des renseignements ; il interroge adroitement et sonde les consciences : bientôt il devient convaincu que le germanisme est en grand progrès et que la France s'oublie. Il en pleure de tendresse, et se hâte de coucher sur le papier des découvertes si admirables. Des faits il passe aux causes ; il élève aux nues l'administration énergique mais paternelle du statthalter à qui seul sont redevables ces résultats inespérés ; il encadre ses éloges dans quelques gracieuses descriptions du beau pays d'Alsace, et dédie le tout au grand maître de la flagornerie officielle. Voilà un fonctionnaire en veine d'avenir, et sa brochure fera la joie et la consolation des vraies familles allemandes.

Après la question alsacienne, la mieux cotée parce qu'elle exige beaucoup d'imagination, la question polonaise est une des plus favorites. L'Alsace et la Pologne pendent aux deux ailes de l'Aigle Noire : l'Aigle ne peut plus voler.

Je ne finirais pas si je devais t'énumérer toutes les questions chères aux fonctionnaires : l'Allemagne entière est soumise à la question.

J'ai eu la curiosité de lire les journaux qui ont rendu compte de cette brochure prusso-polonaise, et aucune lecture ne m'aurait été plus divertissante, si le sujet était capable de divertir. Un des principaux organes du libéralisme, le *Berliner Tageblatt*, qui excelle d'habitude à mettre d'accord son libéralisme et son germanisme, le fait cette fois d'une manière si ingénieuse que j'ai lu l'article jusqu'au bout. Tu apprendras par la même occasion à juger le libéralisme des autres, le seul qui devrait être... libéral, en somme ; mais ce n'est pas dans ses habitudes.

L'auteur de la brochure, le fonctionnaire, fait le plus grand reproche aux Polonais de s'obstiner à ne vouloir pas être Allemands. Il est délicieux ce fonctionnaire. Le journal en tant que libéral proteste contre ce non sens, et dit en manière de principe : « Si j'étais Polonais, je voudrais agir comme agissent les Polonais. » Voilà certes de la franchise !

mais ne t'étonne pas trop : les concessions dites de principe ne sont jamais poussées très loin.

Qu'est-ce que cela fait que la Pologne n'aime pas l'Allemagne ? Les Allemands ne tiennent pas à être aimés. Tiens écoute donc ceci : « Quand *les* « *députés* de l'Alsace parlent de l'annexion maudite « de leur pays, ils expriment une opinion qu'il ne « peut pas être étonnant de retrouver exprimée par « les Polonais. La cause est la même. Les Polonais « sont dans leur droit, et nous devons trouver bon « qu'ils nous détestent, absolument comme nous « trouvions légitime de détester la tyrannie de Na- « poléon Ier. Les raisons sont identiquement les « mêmes. » Que dis-tu de cela ? Mais ce n'est pas tout, et ici nous entrons dans le domaine de la comédie. « Que les Polonais haïssent tant qu'ils vou- « dront le joug de la Prusse, d'accord ; mais, qu'ils « ne se plaignent pas d'être germanisés ; ils font de « leur côté tout ce qu'ils peuvent pour s'opposer au « zèle de nos fonctionnaires. Ils travaillent, ils lut- « tent, pour conserver l'âme de la Pologne ; à ce « point de vue ils n'ont pas le droit de réclamer « contre l'Allemagne. » L'argument n'est-il pas joli ? Quand Molière disait que les gens qui sont dupés ne peuvent s'en prendre qu'à eux-mêmes des tribulations qu'ils endurent, parce qu'ils veulent être flattés, il n'exprimait pas un paradoxe. Ce n'est pas la faute des Prussiens s'ils tyrannisent les

Polonais ; c'est la faute des Polonais, parce qu'ils ne veulent pas être Allemands. Il n'y a pas moyen, il me semble, de résister à une telle logique : est-ce que les Prussiens se mêleraient d'avoir de l'esprit ? Ce serait une merveille !

CONFÉRENCE

SUR

LA CHINE ET SES ORIGINES

(Lue au cercle de la rue de Lancry par le général TCHENG-KI-TONG.)

Mesdames et Messieurs,

Lorsque votre honorable et sympathique président est venu me proposer de vous inviter à venir écouter une causerie sur la Chine, je me suis demandé me plaçant déjà en imagination, à cette même place que j'occupe en ce moment, si vous accepteriez et si j'oserais. Votre président me paraissait certain de votre acquiescement — j'ai même une lettre de lui qui le compromet absolument — mais de mon côté je tenais bon et j'aurais hésité très longtemps, jusqu'à ce soir inclusivement, si je n'avais été complètement rassuré et sur votre indulgente attention et sur votre libéral accueil.

Je suis de ceux qui croient que le mot « étranger » perd chaque jour de sa valeur et quoique ce ne soit pas le seul mot qui semble s'effacer dans le vocabulaire que protège, dit-on, l'Académie française, c'est une action loyale de le constater. Nos arrière-petits enfants auront peut-être la chance d'ignorer tout à fait ce mot et sa signification. Je pense que nous pouvons tous faire des vœux pour que cet avenir heureux se réalise. Alors ils n'auront plus besoin d'entendre parler de la Chine et de ses habitants; il n'y aura qu'une seule humanité sur terre; l'Occident et l'Orient se tendront la main.

En attendant que ce grand événement soit un fait accompli, apprenons donc à nous connaître, à nous apprécier modestement à notre juste valeur, sans parti pris, sans préjugé, en gens qui désirons faire plus ample connaissance; d'autant que la France et la Chine sont géographiquement les deux extrêmes du continent Europano-Asiatique, et que nous ne sommes séparés que par le Nouveau-Monde, — un obstacle qui se franchit aujourd'hui très confortablement en chemin de fer. — Un des auteurs les plus connus en Chine parmi les auteurs européens est M. Bazin, ce poète délicat de la mélodie, qui a rendu populaire un refrain que vous connaissez tous et qui débute ainsi :

La Chine est un pays charmant
Qui vous plairait assurément,
Partout des pagodes, partout des clochettes.

Cette manière de représenter notre pays n'est pas banale — elle est dans tous les cas bien française, — et j'aime à vous dire que je connaissais ce refrain avant de venir en France, il y a bientôt onze ans. J'avais même conclu comme un étourdi que j'étais alors, que la géographie s'apprenait en musique, et j'avais adopté pour mon pays, avec un réel plaisir, la définition que le professeur Bazin avait donnée de la Chine. — Si vous le voulez bien, nous l'adopterons pour ce soir et je tâcherai de vous convaincre, quoiqu'il existe un dicton qui prétende que ce qui ne peut pas se dire on le chante. — Cependant nous serons d'accord, j'en suis maintenant certain.

Il existe beaucoup de livres qui décrivent la Chine, son origine, sa population et ses mœurs, Non seulement ces livres existent en Chine, mais aussi en Europe. Les voyages, les impressions de voyage surtout, sont à la mode et rien n'est plus aisé que de refaire en pensée chez soi, au coin du feu, ces voyages autour du monde chez les peuples les plus ignorés de la tribu des civilisés. Le Congo même dont autrefois il n'était question que pour en revenir — sans y avoir été — est aujourd'hui un pays qu'on va visiter et où certainement le monde élégant ira prendre les eaux avant quelques années.

Le volapük aidant, je suis convaincu que ces voyages deviendront très faciles et très agréables :

car au Congo il n'y a encore ni administration, ni postes, ni télégraphes, ni chemins de fer, ni journaux, et, par conséquent, c'est la terre promise des vacances et du repos. La Chine, autrefois, possédait tous ces privilèges ; mais maintenant elle fait partie de l'*Union postale*, elle a des lignes télégraphiques, les chemins de fer sont à l'étude, elle a des journaux et des journalistes, on parle dans les ports toutes les langues, y compris le chinois, et bientôt peut-être le volapük. Vraiment, c'est un pays qui, me semble-t-il, n'est presque plus intéressant pour des Européens, à moins d'être contemporains de Marco Polo, de cet illustre Vénitien qui vint au XIIIe siècle visiter notre Empire et qui en publia une description tellement enthousiaste que personne ne le crut. — On l'avait surnommé messire « Marco Million ».

Ce Marco Polo, dont le souvenir a été conservé en Chine, — c'est une habitude de notre race de ne rien oublier — a été un des premiers voyageurs européens qui soient venus en Chine. — Ceci, messieurs, se passait du temps du Khan Koubilaï, il y a six cents ans seulement, en 1285. Marco Polo devint le favori du souverain, vécut à sa Cour pendant dix-sept ans et lorsqu'il revint dans sa patrie, nos anciennes relations racontent qu'il emporta les regrets de tous ceux qui l'avaient connu. Vous voyez que les bons rapports entre l'Europe et l'Extrême-Orient ne datent pas d'aujourd'hui et que les ancêtres avaient déjà préparé l'avenir.

Je lis sur la carte d'invitation qui m'a procuré le plaisir d'entrer ici, dans cette société, que je dois vous parler de l'origine de la Chine. Les questions d'originē ont, il est vrai, un intérêt tout spécial, car l'homme qui ne sait pas très bien où il va, désire au moins savoir d'où il vient. Les temps anciens ont le don de charmer l'attention et on espère toujours apprendre quelques notions et quelque chose d'extraordinaire qui donnera un intérêt de plus à l'existence. Moi aussi quand je suis venu en Europe j'ai beaucoup demandé aux savants s'ils connaissaient l'origine de l'Occident — et ils m'ont parlé de l'Inde comme de la terre mystérieuse où était renfermé le secret de la naissance du monde. L'Inde a eu aussi auprès de nos chercheurs d'origines ce prestige de la plus haute antiquité. C'est de l'Inde qu'est sorti le bouddhisme, c'est-à-dire la religion qu'observent actuellement la plupart des peuples de l'Asie orientale, et à ce titre l'Inde pourrait paraître une sorte de terre sacrée. Nos annales racontent que, vers le milieu du xe siècle, l'empereur Kienti envoya trois cents prêtres bouddhiques dans l'Inde pour en rapporter les livres et les reliques de leur dieu. Ils passèrent le Gange et virent au sud, disent les mémoires, une image gigantesque de Dieu. Ils ont rappelé aussi qu'il y avait un pays appelé Silan (l'île de Ceylan), dans lequel près de la mer se trouvait une montagne où se voyait l'empreinte d'un pied long de trois coudées, le pied du premier homme, naturellement. — Tous ces souvenirs sont restés gravés dans l'imagination populaire qui a adopté de préférence à d'autres les théories indiennes de l'origine du monde. Le peuple indien ne compte le temps que par périodes de plusieurs millions d'années solaires — et estime que le monde actuel a déjà vécu 5,620,000 années, juste. Je n'essaierai pas de vous convaincre à ce sujet, d'autant que ces traditions fabuleuses sont sans crédit auprès des lettrés chinois qui suivent les leçons de Confucius. Notre grand philosophe moraliste a pu comme tous les inspirés de la pensée et les fondateurs de systèmes philosophiques avoir eu une opinion sur ces importantes questions : mais il s'est bien gardé de l'exprimer. C'était un modéré dans toute la force du terme ; il avait préféré encourager ses disciples à s'abstenir de toutes les questions spéculatives et à s'éloigner des théories pour ne s'occuper que des choses que peut entreprendre la raison de l'homme. Nous avons par éducation et par goût une application constante vers les choses positives — et je n'ai pas à le regretter : car le temps moderne dans lequel nous vivons, à l'Orient comme à l'Occident, appartient tout entier aux directions dites positives. La lutte pour la vie existe partout; il faut chaque jour acquérir de nouvelles forces pour subvenir à de nouveaux besoins, il faut être bon gré mal gré positif; de sorte que je puis dire avec une certaine assurance que ce n'est pas l'esprit chinois qui est devenu ou devient XIXe siècle, c'est-à-dire positif, mais que c'est le XIXe siècle qui est devenu chinois, c'est-à-dire positif. Volontiers on nous accusait d'être immobiles et c'est le progrès qui s'est mis d'accord avec nous.

Je vous prie d'excuser cette diversion; mais il me semble qu'elle est tout aussi curieuse que la question controversée de nos origines dont nous nous occupons fort peu, si ce n'est au point de vue historique, c'est-à-dire vrai, car en Chine l'histoire doit être vraie et nos législateurs ont pris toutes les précautions imaginables pour qu'il en fût ainsi.

Quant aux faits mystérieux, quant à la genèse du monde asiatique, je ne suis pas assez savant pour vous donner à cet égard des renseignements bien précis. Un de nos empereurs saints qui régnait il y a cinq mille ans est rapporté avoir dit cette parole : « Ce que l'homme sait n'est rien en comparaison de ce qu'il ne sait pas », parole qui sera toujours vraie; et je n'ai jamais mieux senti la vérité de cet axiome que ce soir.

J'ai dit que Confucius n'avait pas abordé l'étude de ces questions; moi son disciple je ne désobéirai pas à mon maître que toute la Chine intelligente respecte et vénère comme le créateur de sa civilisation. Qui sait? sans s'être consultés nos ancêtres avaient peut-être les mêmes croyances. Nous aussi nous avons un premier homme; naturellement il était Chinois, de plus il était empereur. Il s'appelait Pan Kou et parut sur la terre il y a de nombreux siècles. Il possédait une telle puissance qu'elle allait jusqu'à l'action créatrice. Une tradition rapporte qu'il sépara le ciel de la terre. Vous voyez que nous arrivons à nous entendre avec les données bibliques qui parlent aussi de cette séparation comme d'un événement important. Du reste dans notre langue le mot *création* quand il se rapporte à l'origine du monde exprime une *séparation*. Créer c'est séparer, c'est dégager quelque chose qui existe dans un chaos. Nous pourrions continuer ces observations et les étendre. Nous arriverions à des résultats certainement curieux; mais ils dépassent les limites imposées à votre attention.

Ce qui est tout à fait particulier à notre monde, c'est sa permanence pendant une suite considérable de siècles pendant lesquels il se développe et atteint tous les degrés de la civilisation la plus parfaite. Ainsi, l'histoire à la main, avec des documents dont l'authenticité est irréfutable, je puis vous dire ce qui se passa sous le règne de l'empereur Hoang ti en l'année 2698 avant l'ère chrétienne, près de 600 ans avant la naissance d'Abraham. La création des historiographes officiels et du tribunal de l'histoire remonte à ce règne.

Il existe parmi mes compatriotes et même parmi les européens érudits des critiques scrupuleux qui admettent comme authentiques les relations concernant le règne de Fouhi, dont la date est de 770 ans plus ancienne que celle de Hoang-ti. Confucius admettait ces règnes comme historiques.

Eh bien, les annales de notre histoire nationale ont consigné tous les faits qui se sont accomplis depuis les premiers pas de l'homme pris à l'état primitif jusqu'au plein développement de sa nature dans les plus merveilleuses créations de la civilisation ; c'est un récit en abrégé de l'histoire de l'humanité, sans qu'aucunes traces n'aient été perdues ; récit qui peut sembler parfois fantastique aux exprits un peu infatués de leurs propres perfections, mais qui a fait réfléchir plus d'une attention. Il y a de tout dans nos annales, de véritables contes des Mille et Une nuits, des systèmes philosophiques, des cours de morale, des légendes, des inventions, des constitutions politiques ; c'est la vie de tout un peuple racontée au jour le jour ; c'est le journal de la Chine depuis cinq mille ans et remarquez ceci : tandis que les peuples de l'Occident se lèguent successivement, à mesure qu'une société disparaît pour faire place à une autre, les trésors artististique et littéraires qui constituaient leur renommée, notre peuple s'élève seul sous la direction de la nature; il grandit, il progresse, il invente, il travaille; il est le seul créateur de sa civilisation ; il ne doit rien à personne. Ses mœurs, ses lois datent de plusieurs milliers d'années, et à une époque où ni Rome, ni Athènes n'existaient, notre empire avait déjà établi les fondements de sa civilisation par des monuments immortels. Il existait, il avait ses penseurs, ses poètes, ses législateurs, ses historiens. C'est là, me semble-t-il, une des remarques les plus cu rieuses que je pouvais vous faire considérer au point de vue historique, et qui acquiert un certain caractère d'exception et aussi celui de l'étrangeté, quand on fait le dénombrement des sociétés éteintes dans l'histoire de l'Occident. D'un côté le phénomène de la permanence et de l'autre les hasards d'une destinée aveugle que dirige le plus souvent la force brutale; Athènes et Thèbes sont arrachées de leurs tiges, comme des fleurs, par des mains barbares ; la savante Egypte s'ensevelit dans le désert; il ne reste de toutes ces gloires vraiment glorieuses que des souvenirs de deuils et des arcs de triomphe qui célèbrent la gloire peu enviable des conquérants.

Nous n'avons pas éprouvé ces catastrophes, car nous avons pu les éviter par bonheur et nous ne croyons pas que nous en soyons à plaindre.

Nos ancêtres ont préféré la paix tranquille du chez-soi aux aventures, quelles qu'elles soient. Vous serez peut-être de mon avis en pensant qu'ils n'ont pas eu absolument tort.

La population de la Chine est, vous le savez, extrêmement considérable : elle dépasse 500 millions d'habitants. La Chine proprement dite, c'est-à-dire limitée à l'est et au sud par la mer, à l'ouest par les chaînes du Thibet et au nord par la Grande muraille, comprend un territoire d'une superficie de 330 millions d'hectares sur lequel vit un population de plus de 400 millions d'individus. L'Europe tout entière compte à peine 280 millions d'habitants répartis sur un espace 4 ou 5 fois plus grand.

Cette différence vous donne immédiatement l'explication de la densité étonnante de notre population. D'un bout à l'autre de l'Empire les villages se suivent et se touchent presque ; on se croirait partout aux environs d'une grande ville, tant l'animation est grande dans les campagnes. Les jours de marchés, des foules encombrent les chemins, se rendant à la ville voisine. Partout les cultures sont organisées avec le plus grand soin, et ce sont des cultures délicates comme celles du thé, du sucre, de la soie, de la cire. La fécondité du sol est telle que dans certaines vallées l'hectare de terre rend de 12 à 14,000 kilogrammes de riz, ce qui donne à la terre une valeur de 25 à 30,000 francs l'hectare. Toutes ces cultures exigent naturellement de très grands travaux, et par conséquent il faut employer beaucoup de de monde. Vous savez que mes compatriotes sont renommés sous le rapport de la reproduction de l'espèce; ils continuent donc à multiplier et dans des proportions telles que la terre manquera à tous ces braves gens qui sont nés pour le travail; mais il ne sont pas embarrassés : à défaut de terre ils cultivent l'eau. Cela vous étonne? oui, on voit sur certains lacs et sur les étangs des radeaux couverts de jardins et de champs. Encore plus fort! les montagnes incultes, des rochers nus, sont couverts d'espaliers de fleurs et de fruits.

La Chine ressemble exactement à une ruche où tout le monde travaille chacun à son affaire, et où chacun est persuadé que le meilleur moyen d'augmenter la richesse publique et particulière est d'avoir beaucoup d'enfants. Ce sont des idées très... chinoises, mais je suis bien obligé pour être intéressant d'être sincère, et c'est un mérite que j'ai toujours désiré obtenir avant tout comme étant le plus facile à acquérir.

S'il m'était donné de discuter avec chacun de mes auditeurs sur ce sujet assez peu connu de la

16

vie sociale chinoise, il est certain que je me verrais assailli d'objections et j'en serais fort heureux, il n'y a rien de mieux que de ne pas être du même avis pour arriver à s'entendre, pour peu qu'on en ait le désir. Eh bien, si vous le voulez, je vais ré-répondre à vos objections muettes en vous exposant très sommairement l'organisme de notre civilisation actuelle.

Nous n'avons pas de chemin de fer, tout le monde le sait, surtout les métallurgistes qui voudraient bien nous fournir des rails et des locomotives; mais notre empire est sillonné de canaux innombrables qui nous ont toujours suffi pour tous nos échanges. On peut aller de Canton à Pékin en jonque, en bateau; ce sont nos diligences dont quelques-unes sont très confortables. Nos grands fleuves et je n'ai pas à insister sur ce fait qu'on apprend à vos petits enfants dans les écoles, sont les plus grands du monde, le Yang-tse-Kiang, par exemple, a un cours d'eau de 4,500 kilomètres et est navigable sur une étendue de 700 lieues ; à 250 lieues de son embouchure les plus gros navires peuvent encore trouver une profondeur de plus de 15 mètres. Les affluents de ce fleuve sont très nombreux et constituent un bassin d'une richesse unique au monde. Les habitants sont en si grand nombre dans cette partie de notre Empire qu'ils sont obligés de bâtir des habitations sur les fleuves ou sur les lacs ; ce sont des îles flottantes au milieu desquelles on aperçoit des jardins très bien cultivés et de l'aspect le plus charmant.

Nous avons donc des routes naturelles autant qu'il était possible d'en souhaiter ; supposez que des lignes de bateaux à vapeurs remontent et descendent tous ces cours d'eau, comme cela existe déjà, cela eût pu nous suffire et nous n'aurions pas eu besoin des chemins de fer ; mais aujourd'hui la mode a adopté les grandes vitesses et les trains rapides. Les plus intelligents sont ceux qui vont le plus vite pour arriver les premiers, on ne sait pas trop vers quel but. Il faut des chemins de fer, c'est le luxe de la civilisation, en attendant les ballons dirigeables et les ailes artificielles.

Je crois que la prospérité d'un pays est en raison directe du nombre de ses habitants, et voici le motif : c'est que les dépenses sont en raison inverse du nombre de ses habitants. Plus la population est considérable, et moindres sont les dépenses pour chaque habitant. Cela est évident. En Chine, l'impôt dépasse à peine 2 francs par individu. C'est un argument qui n'est pas de nulle valeur. Quand il s'agit de payer, je crois que tous les peuples sont frères, et que le meilleur pays du monde est encore celui où l'on paie le moins d'impôts. C'est la théorie du positif. Balzac l'a dit dans un de ses plus fameux romans, *Eugénie*

Grandet; on ne demande plus : que penses-tu? mais que payes-tu? Je me rappelle que ces deux interrogations m'avaient beaucoup frappé, à une époque où je cherchais à m'instruire.

On dit aussi que le paysan chinois vit de peu, n'amasse rien, et est toujours malheureux. Cela se dit partout, excepté en Chine, où l'agriculture est considérée comme une des sources de la richesse. Le « faire valoir » rapporte et beaucoup. Consultez ceux qui connaissent bien la Chine, ils vous diront que le paysan qui a une propriété de deux hectares, nourrit très convenablement sa famille, et met chaque année de côté une somme importante, qui n'est jamais inférieure à mille francs. Sa maison est coquette et propre; et surtout toujours hospitalière. Car l'hospitalité est dans nos mœurs. Le titre de propriétaire est très répandu chez nous. Il appartient toujours à la famille, et chaque famille ne possède environ que deux ou trois hectares de terre. La carte cadastrale de la Chine serait très curieuse à examiner : vous verriez que les 80 millons de familles qui composent l'Etat sont toutes propriétaires. Les propriétés qui comptent plus de vingt hectares sont peu fréquentes; celles de cent hectares sont extrêmement rares. Tel est le caractère de la propriété en Chine. Une autre institution que je ne retrouve qu'en Chine et dont j'ose à peine parler parce qu'elle touche aux choses sérieuses est celle qui a établi le champ patrimonial. Il y a dans toute propriété une partie du sol qui est inaliénable. C'est sur ce champ que se construit la maison de famille, le foyer ; ce champ, cette maison ne peuvent pas être vendus. Il appartient non seulement aux vivants, mais aux morts qui y ont leur sépulture, et aux descendants qui y viendront honorer leurs ancêtres. C'est là que sont conservées les archives de la famille, que sont enrégistrés par le chef de la famille les naissances, les mariages, les décès : c'est sur ce champ patrimonial que nous bâtissons nos temples, nos écoles où sont élevés tous les enfants de la famille et ceux des familles voisines qui sont moins fortunées; c'est là que se perpétue l'esprit de famille. Ce champ patrimonial est sacré, il est inviolable. Ce sont de très hautes considérations qui ont établi ces institutions ; et vous ne sauriez croire quelle force elles ont sur les mœurs. Ce sont les institutions qui règnent en Chine. Les fonctionnaires ne sont pas très nombreux : à peine vingt-cinq à trente mille pour une population de 500 millions. En réalité les Chinois se gouvernent eux-mêmes. Dans la famille, c'est le chef de famille qui a l'autorité ; dans la ville il y a un certain nombre de délégués qui ont été élus par les familles, et ces délégués ont à leur tête un personnage officiel. Voilà toute la théorie de notre gouvernement. Au lieu d'avoir un seul parlement, nous en avons autant qu'il y a de villes. Le principe de l'élection est dans toutes nos institutions. Confucius qui est l'oracle toujours écouté a écrit cette sentence : « Le monarque n'est que le mandataire du peuple. » Non seulement il existe une liberté politique qui réduit à néant la croyance encore partagée par beaucoup d'Européens que la Chine est le pays du despotisme, mais nous pratiquons la liberté de conscience, de religion et de culte. Toutes les religions fleurissent chez nous. Nous avons parmi les fonctionnaires des juifs, des chrétiens, des musulmans, des bouddhistes. Le gouvernement ne s'occupe pas des croyances, en tant qu'elles ne se mêlent pas aux questions civiles.

La liberté de l'enseignement est complète, chacun est libre d'ouvrir une école ; chacun est libre d'y aller ou non. L'Etat n'exige que le résultat, il ne s'occupe pas des moyens. Enfin je ne pense pas qu'il ait jamais été question de restreindre la liberté d'association et de réunion. Nous ne connaissons pas le système des patentes sur les industries ni sur le commerce ; les octrois n'existent pas. On peut dire que la liberté commerciale est complète.

Quant aux emplois dans l'Etat ils sont accessibles à tous. La noblesse et les honneurs peuvent s'acquérir par le travail, et nulle part au monde le titre de lettré n'est plus en honneur que chez nous.

Les plus hauts grades qui donnent la confiance de l'empereur s'accordent au talent seul en dehors de tout esprit de caste.

Pour toutes ces raisons j'affirme que le gouvernement en Chine est d'essence démocratique et qu'il a droit au respect de tous les esprits qui sont assez indépendants pour apprécier le bien, là où il se trouve. Et voulez-vous une preuve bien forte je crois et qui vous convaincra sur le caractère essentiellement pacifique et essentiellement droit de nos populations? Le peuple chinois possède la liberté de se juger lui-même ; c'est il me semble la plus noble des libertés. Il n'y a pas de magistrature spéciale, et l'Etat n'intervient dans les causes à juger que lorsqu'il est appelé. Et cependant j'en fais juge votre expérience. Voilà un pays où la propriété est extrêmement divisée, les voisins sont en nombre prodigieux; de plus vous savez que la culture du riz qui est la principale culture de notre pays, puisqu'elle occupe les deux tiers du territoire, ne se pratique que dans l'eau et par les irrigations ; vous savez enfin combien il est facile de détourner un cours d'eau. Eh bien ! ne comprenez-vous pas que ce peuple qui cultive le riz, en paix, sans procès, ne doit pas être un peuple absolument à mépriser? la culture du riz serait impossible sans le goût exagéré de la paix et du bon droit du voisin ; toutes les fois donc, mesdames et messieurs, que le riz sera servi sur vos tables, rappelez-vous qu'il n'existe et qu'il n'est venu à maturité que parce que les Chinois aiment la paix, que parce qu'ils pratiquent la liberté d'autrui, la seule du reste qui soit agréable et utile.

Sous le rapport de nos mœurs j'aurais certainement bien des choses curieuses à vous conter, car le monde chinois ressemble un peu pour les étrangers au monde de la lanterne magique : mais pour moi l'embarras est bien grand de choisir parmi les coutumes celles qui vous seront particulièrement agréables à connaître. Le jour de l'an qui approche me fournit l'occasion de vous décrire une des plus grandes réjouissances du peuple chinois. On peut dire que ce jour-là tout l'Empire est hors de lui. La fête commence chez nous dix jours à l'avance, toutes les administrations sont fermées.

Le soir du dernier jour de l'année qui s'achève, tout le monde veille jusqu'à minuit. A cette heure le fusées, les feux de joie et les pétards font entendre leur joyeux vacarme. On fait partout une consommation incroyable de pièces d'artifice. Pendant toute la nuit tout le monde est sur pied ; dans les maisons chaque habitant exécute les rites accoutumés et prépare sa maison pour la solennité d'une nouvelle année. Toutes les habitations sont nettoyées et ornées et la châsse des dieux domestiques est décorée de vases de porcelaine contenant la calebasse odorante appelée la main de Bouddha et les fleurs du narcisse.

Dès le grand matin du premier jour attendu, une foule immense assiège les temples. Chacun a revêtu ses plus beaux habits : on se rend mutuellement visite entre parents, amis et connaissances. De tous le côtés dans les rues on ne voit que gens empressés, se faisant mille politesses.

Nous avons aussi la coutume des cartes ; mais les cartes que nous employons sont spéciales au jour de l'an : elles ont une gravure représentant les trois principales félicités savoir : un héritier, un emploi et une longue vie. Ces trois souhaits sont indiqués par les figures d'un enfant, d'un mandarin et d'un vieillard accompagné d'une cigogne, emblème de la longévité. Pendant les trois premiers jours de l'année on regarderait comme de mauvais augure de travailler au delà de ce qui est nécessaire pour les besoins de la vie, et beaucoup de personnes suspendent leurs occupations pendant une vingtaine de jours. Dans chaque maison le thé est préparé pour être offert aux visiteurs. On consacre toujours les derniers jours de l'année qui finit à régler les comptes arriérés, et c'est un grand discrédit de ne pouvoir être en mesure de payer ses dettes à cette époque. Comme la coutume est de tuer un grand nombre de chapons avant la nouvelle année, on dit plaisamment d'un débiteur qui ne peut pas satisfaire ses créanciers qu'il a une destinée de chapon.

La nouvelle année est aussi l'époque à laquelle on échange des présents entre amis. Ces présents consistent ordinairement en friandises telles que des bonbons, des fruits rares, du thé, et parfois aussi en pièces de soie.

Vous voyez que nos usages ne diffèrent pas beaucoup des vôtres sous ce rapport.

Partout, que je sache, on offre des cadeaux et partout on aime à les recevoir. Si j'avais le temps de repasser avec vous nos autres coutumes je pourrais vous convaincre que sur nombreux sujets nous ne différons pas beaucoup de vues ; mais ces considérations nous entraîneraient trop loin et je ne veux pas abuser de votre attention ; du reste, il me serait impossible d'entrer dans toutes les explications que comporte le détail de nos mœurs. L'institution de la famille joue dans notre civilisation un rôle tellement prépondérant, qu'il serait nécessaire de consacrer à ce seul sujet le temps que j'ai employé à vous indiquer, comme à vol d'oiseau, quelques aperçus de notre vie sociale. Vous comprendriez alors les raisons qui ont fondé notre nationalité, et qui nous permettent de croire très fermement et très logiquement à sa durée et à sa puissance ; car nous possédons des avantages que je pourrais appeler classiques et qui doivent être attribués : au respect pour les liens de la famille, à la sobriété, à l'industrie et à l'intelligence des classes inférieures, à l'absence presque totale des privilèges, à la répartition égale des biens territoriaux, à la répugnance du gouvernement pour les conquêtes ; enfin, au système de lois pénales le plus clair et le plus positif qui existe à mon sens. Pour vous convaincre de ces vérités, il me faudrait, vous le pensez bien, vous détailler chacune de nos institutions, les analyser, les étudier dans leurs origines et dans leurs applications ; vous montrer avec quelle force la tradition agit sur nos mœurs parce qu'elle est la tradition, c'est-à-dire l'expérience acquise des anciens ; et alors vous auriez une idée un peu nette de notre état de civilisation qui, je vous assure, a non seulement l'attrait de la curiosité, mais aussi celui de l'intérêt.

Je sais bien qu'il est difficile de se faire valoir soi-même. Mais, messieurs, j'ai une excuse toute trouvée. On a dit tant de mal de la Chine et des Chinois, qu'il doit bien être permis d'en dire du bien, ne serait-ce que par esprit de contradiction. Et il m'est d'autant plus facile d'entreprendre cette tâche que je sais quels progrès se sont accomplis dans les esprits depuis quelques années. Je crois que lorsque les préjugés tomberont, de grandes erreurs tomberont en même temps, et il en résultera pour le monde de grands bienfaits.

CONFÉRENCE

LUE PAR TCHENG-KI-TONG A L'HOTEL CONTINENTAL A LA RÉUNION DES INGÉNIEURS CIVILS

(M. Edoux, président de l'Association, avait eu l'idée ingénieuse de prier le célèbre général de venir faire une lecture sur le premier sujet venu. Je rédigeai ce qui suit ; il paraît que les ingénieurs furent très contents.)

Messieurs,

Je suis tellement convaincu de correspondre à votre impression secrète, mais discrète, transformée sans doute, grâce à ma bonne étoile, en indulgente curiosité, que je préfère nous mettre d'accord immédiatement sur cette situation, et règler ainsi à l'amiable ce regrettable *desideratum*.

Vous êtes, en effet, des ingénieurs, c'est-à-dire des difficiles, pour qui il n'existe rien d'impossible, aimant plus les chiffres que les lettres, à moins que les lettres ne soient éloquentes comme les chiffres. Vous êtes les artistes de la science : car, vous réalisez les œuvres que promettent ses théories ; vous gouvernez les forces mécaniques comme les poètes jouent avec les rimes et les financiers avec les millions. Votre champ d'action est partout : il s'appelle l'Univers. Que vous perciez les montagnes ou que vous en réunissiez les cimes en lançant dans l'espace ces viaducs gigantesques qui épouvantent l'imagination et que franchissent les ignorants —tout de même! —vous êtes dans toute l'énergie de l'expression des logiciens, raisonnant avec les forces, leur faisant accomplir des prodiges — j'allais dire des tours de force—les jetant, comme l'orateur ses périodes, au milieu de vos conceptions hardies, pour les grouper dans un tutti fantastique autour d'un point idéal, centre aimanté où elles vont aboutir et se confondre, et accomplir leur métamorphose définitive dans un harmonieux équilibre.

Là est votre gloire; elle est sans partage. Vous êtes des créateurs d'équilibre. C'est à cette fin que tendent tous vos calculs et toutes vos habiles combinaisons, comme elle est aussi la passion idéale de notre civilisation.

On ne détruit pas les forces, on les décompose, on les rend symétriques, on les accouple si je puis ainsi dire, et aussitôt ces forces qui, isolées, eussent été inutiles et discordantes, vont, en se rapprochant, se combiner et devenir actives. Vous les avez civilisées, c'est-à-dire utilisées pour le bien-être de l'humanité.

Quels rêves magnifiques ne ferions-nous pas, messieurs, si nous examinions toutes choses avec la méthode de l'ingénieur; si nous cherchions tous dans la grande famille humaine, à réaliser cet équilibre stable, ce parallélisme de toutes les forces, cette résultante active et bienfaisante de toutes les activités et de toutes les intelligences ! Quelle paix et quelle puissance nous obtiendrions !

Peut-être est-il permis de faire ces beaux projets, et de penser qu'un jour viendra où tous les hommes réfléchiront aux forces perdues, comme ils pensent déjà à utiliser les mouvements périodiques du flux et du reflux, et la puissance du vent. L'humanité n'a encore à cet égard que des entraînements d'enfant; mais la terre est trop petite, n'est-ce pas, pour n'être pas le modèle des planètes. Les dieux de l'Olympe, nous disent les légendes antiques, vécurent dans de continuelles rivalités; mais ils avaient l'immense Univers comme foyer de discordes; les archanges eux-mêmes, disent d'autres traditions, levèrent l'étendard de la révolte et mirent le blocus devant le trône du Tout-Puissant : mais ils avaient l'espoir de devenir égaux à Dieu. Les hommes n'ont pas les mêmes excuses. Leurs querelles sont stériles, sans ambitions, terre-à-terre. Les seuls progrès à accomplir sont vraiment ceux qui naissent de la paix, c'est-à-dire de l'équilibre obtenu et triomphant de toutes les forces de la nature. C'est là une profession de foi peu militaire; mais en somme, comme les soldats ne font la guerre que pour permettre aux diplomates de faire la paix, quand ceux-ci ne se sont pas suffisamment compris, il peut bien être permis de célébrer les louanges de la plus sincère de nos bienfaitrices, la Paix; vous ne m'en voudrez pas.

Comme vous le savez, messieurs, la Chine depuis les siècles qu'elle est en possession d'un état régulier de civilisation n'a pas développé les forces cachées de la nature dans le même sens que les nations occidentales, quoique cependant elle ait réalisé à une époque très reculée de l'histoire du monde des progrès incontestables. Nos ancêtres ont eu les matières premières de ces grandes découvertes qui furent plus tard perfectionnées en Europe; je citerai, en passant, la découverte de la boussole, qui a joué depuis un rôle utile dans le drame mouvementé des entreprises extérieures ou coloniales; et les découvertes de l'imprimerie et de la poudre qui ont révolutionné, sous divers aspects, le monde occidental. Je cherche, comme vous voyez, à acquérir des droits à votre estime, en réclamant pour notre ancienne civilisation les mérites qu'elle a obtenus dans un ordre d'idées très apprécié parmi vous.

Il y aurait bien des choses à dire et intéressantes, je crois, sur les origines de notre société, étudiée d'après l'objet général des idées. Il y a toujours dans un état organisé un système particulier de direction appliqué aux idées, c'est-à-dire aux créations de l'intelligence. Nos philosophes nous enseignent qu'il y a des idées communiquées, et d'autres qui sont sollicitées, qui se manifestent à la manière des déductions.

Il arrive souvent, en effet, qu'une idée est une résultante ; elle jaillit du cerveau subitement, il est vrai, mais comme le jet d'eau jaillit d'un puits artésien, après un long travail. C'est une idée qui existait, — toutes les idées existent, — il s'agit de creuser et d'être l'heureux mortel qui donnera le dernier coup de sonde. Eh bien, je pense que chaque nation ou chaque race a sa méthode de direction appliquée aux idées. Il y a des races qui creusent toujours, sans cesse, sans repos ni trêve; d'autres, au contraire, qui se contentent des premiers efforts, parce qu'ils ont donné leurs résultats immédiats. Notre Chine nous fournit des exemples remarquables à l'appui de cette thèse. Toute la vallée du fleuve Jaune est couverte sur une superficie égale à 150,000 kilomètres carrés de cette terre jaune dont vous connaissez l'étonnante fertilité et qui donne aux populations qui la cultivent l'abondance de toutes choses, et, par suite, le bonheur dans la famille et dans l'Empire. Dans ces contrées fortunées, un vrai paradis terrestre, l'agriculture est la seule industrie nécessaire ; et comme cette terre intarissable, sans cesse renouvelée, est exploitée depuis plusieurs mille ans, il n'y a rien de surprenant à ce que ces populations restent fidèles à la charrue.

Vous comprenez bien que les arts industriels n'avaient pas grandes chances de naître ni de prospérer dans ces régions, et que, à supposer même que le sous-sol eût révélé l'existence de trésors cachés, le sol était trop riche pour qu'il fût abandonné.

Dans toutes les parties de l'Empire, au contraire, où la nature de la terre n'est plus la même, en dehors des limites de la terre jaune, là où l'homme doit arroser de ses sueurs une terre ingrate et rebelle à ses efforts, nous voyons un merveilleux enfantement de procédés industriels, ingénieux, puissants, et qui tous par des moyens simples, permettent à l'agriculteur de vaincre la résistance de la nature. Nos paysans ont construit en maints endroits de véritables Marly qui, s'ils ne font pas jouer les grandes eaux en l'honneur d'Apollon, de Neptune et de toutes les déesses ainsi qu'à Versailles, élèvent l'eau des vallées à des hauteurs de pression surprenantes pour arroser les plants qui s'étagent sur les montagnes. C'est que ce sont précisément les arts agricoles qui constituent la spécialité de notre Empire. Nous sommes les descendants d'une race de pasteurs et d'agriculteurs ; tous les travaux entrepris n'ont eu d'autre but que d'assurer la prospérité de la terre ; les leçons données dans les anciens livres, les maximes qu'ils contiennent, les poésies anciennes qui se chantent aux heures de repos, les prescriptions formulées par les lois, les encouragements, les exemples donnés par l'empereur, tout a contribué à diriger le mouvement des idées vers les arts agricoles qui n'ont atteint, nulle part, je puis le dire sans esprit de dénigrement, une égale prospérité. La terre est exactement l'atelier de la Chine, et nous attribuons en grande partie au bien-être qu'elle nous procure la cause directe de l'état de paix dans lequel nous avons vécu, exempts d'ambitions inutiles, pleins de confiance dans l'avenir, et aimant cette terre généreuse qui récompense si libéralement tous les efforts de notre travail.

Je vous devais, messieurs, ces explications, pour nous excuser à vos yeux de n'avoir pas fait dans les travaux mécaniques les progrès que vous avez vous-mêmes accomplis. Je vous ai dit quels progrès avait réalisés la charrue ; un jour viendra où, grâce à vos leçons, nous réaliserons dans les arts industriels des progrès aussi définitifs ; c'est encore le projet de l'avenir, mais il s'exécutera.

Actuellement, sans parler ni de la soie ni de la porcelaine, ni du papier ni des vernis, ni des teintures qui font partie de nos industries nationales antiques et pour lesquelles nous avons une prédilection spéciale, les arts mécaniques proprement dits ont pris dans notre Empire une importance toujours croissante. Les hauts-fourneaux ont fait leur apparition depuis déjà longtemps; des forges et des fonderies de fer sont en pleine activité ; des mines de cuivre, de fer et de charbon sont exploitées en différents points du territoire. Enfin, la question des chemins de fer est à l'ordre du jour.

Permettez-moi de vous donner quelques notions exactes sur ce sujet si diversement interprété, évidemment intéressant pour vous, messieurs les ingénieurs, et également pour nous, car le monde occidental est assez disposé à juger du degré de civilisation des peuples inconnus, d'après le plus ou moins grand nombre de kilomètres de voies ferrées qu'ils admettent chez eux. Nous avons, précisément à cause de cette question des chemins de fer dont la solution tardait, supporté une véritable disgrâce dans l'opinion des Européens. On a dit : les Chinois ne veulent pas des chemins de fer, donc ce sont des barbares, et vous savez, ou du moins vous devez savoir, avec quelle facilité on admet les jugements téméraires. Si je suis bien informé, le jugement téméraire est classé parmi les péchés, et peut passer pour un délit de conscience. Ce jugement quoique téméraire a cependant été porté, et comme nous ne pouvions pas en appeler, au sens juridique du mot, nous avons été condamnés par défaut. Je viens faire opposition, quoiqu'il y ait prescription, et vous soumettre le cas.

Etant donné que nous soyons en état d'absorber la civilisation acquise des peuples de l'Occident, il faut admettre en bonne pratique, que ces adoptions spontanées ne peuvent se faire *ex abrupto*. Quand il s'agit d'une réforme administrative, l'histoire nous apprend, — je vous prie de croire que je n'ai pas l'intention de faire un reproche moqueur, — que même en France, ces réformes ont certaines... pudeurs qui entravent les meilleures dispositions. Tout établissement vient tard, disait ce bon La Fontaine... Ah ! messieurs, quel Chinois de génie que La Fontaine ! — Eh oui ! il faut le temps, et la patience aussi ! c'est une loi d'expérience, et *souvent* la civilisation qu'on veut avoir, gâte celle qu'on a. Il ne faut rien forcer, et rien ne sert de courir, pour arriver au but. Il suffit d'admettre les principes, les applications suivront comme des conséquences. Savez-vous quelle est en Chine la définition de la science? Elle est bien simple, mais bien vraie. C'est notre Coufucius qui l'a énoncée : « Savoir que l'on sait ce que l'on sait, et savoir que l'on ne sait pas ce que l'on ne sait pas », voilà la véritable science. Je vous le demande en toute sincérité, est-ce là une opinion de rétrogade? Mais c'est la logique même, et la plus libérale; et je mets cette formule bien au-dessus de la phrase de Socrate qui disait ne savoir qu'une chose, c'est qu'il ne savait rien. Et cependant cette expérience a fait le tour du monde. Je l'ai admirée comme tant d'autres, j'en ai senti le sens profond, mais il me semble maintenant quelle est trop profonde ou trop abstraite. Il est bon de savoir qu'on sait quelque chose, qu'on vaut quelque chose, et de connaître exactement la limite de ses connaissances. C'est une délimitation de frontières délicate à faire, mais qui peut se faire, N'êtes-vous pas de mon avis ?

Eh bien, si Confucius a dit cette grande vérité il y a plus de 2000 ans, sachez qu'elle est encore et qu'elle sera toujours notre règle de conduite, notre axiome, et que nous avons la prétention d'ignorer ce que nous ne savons pas, mais l'ambition de cesser de l'ignorer.

Est-ce que cette explication ne résout pas la question des chemins de fer ? Il me semble que si. Il faut bien nous accorder le temps de devenir ingénieur, d'ajouter aux éléments simples, l'eau, l'air la terre, le feu, la vapeur, — cette nouvelle venue en attendant les autres, et alors la transformation s'opérera, et si aujourd'hui vous pouvez communiquer avec Pékin, par télégramme, il viendra un jour où vous pourrez aussi vous rendre en Sleeping-Car, à Pékin, par l'express Extrême-Orient. Le monde en sera-t-il plus heureux ? Cela est une grosse ques-

17.

tion, car le monde est si incompréhensible ! mais l'opinion publique sera satisfaite, et la science aura dit son dernier mot.

Je ne suis nullement prophète, messieurs, en vous annonçant ces résultats. Nous avons une langue écrite qui est pour nous comme une sorte d'almanach de Nostradamus. Nous lisons dans nos caractères non seulement le passé, mais aussi l'avenir. Nos caractères ne s'effacent jamais ; ils portent comme des médailles la date de leur naissance. Si, par exemple, vous considérez le mot hache, — une hache pour fendre le bois, — son radical, sa clef comme nous disons, est le mot pierre. Autrefois, il y a bien longtemps, à une époque où la langue écrite se formait, il n'y avait donc que des haches de pierre. C'est une découverte que vous avez faite vous-mêmes, messieurs, partout où vous avez retrouvé les traces de l'époque dite préhistorique. Notre langue fourmille d'aperçus de ce genre. Voulez-vous au lieu d'un retour vers le passé, un regard vers l'avenir? considérez le caractère qui signifie une chose ; il est composé de deux signes qui veulent dire l'un l'Orient, l'autre l'Occident. Vous voyez bien que nous ne sommes pas exclusifs ni sourds à toutes les voix sincères qui annoncent le progrès, qu'il porte sur ses ailes la vapeur ou l'électricité. Nous connaissons et nous cultivons une vertu dont je tiens à vous faire l'éloge parce qu'elle a été proclamée par Confucius, notre maître et notre guide. « Il y a, dit ce grand esprit, une vertu d'humanité. » C'est une noble pensée, d'une élévation sublime, difficile à comprendre dans les bas-fonds de la vie sociale telle qu'elle est organisée, mais qui a pu être vraie autrefois, à moins qu'elle ne se retrouve réalisée au terminus du progrès, lorsque la terre sera cerclée de fer, anneau magique qui symbolisera ses fiançailles avec la paix. J'en accepte l'augure.

Voilà, messieurs, bien des digressions sur des sujets bien divers. Vous dégagerez de ces généralités un sens exact qui ne vous échappera pas, et vous conclurez comme notre philosophe : « Ceux dont les forces sont insuffisantes font la moitié du chemin et s'arrêtent, mais les autres manquent de bonne volonté. »

LA CHINE

ET SES POPULATIONS RURALES

CONFÉRENCE LUE A LA RÉUNION ANNUELLE DE L'ÉCONOMIE SOCIALE
DANS LA SÉANCE DU 20 MAI 1886

PAR LE GÉNÉRAL TCHENG-KI-TONG

Messieurs,

L'époque à laquelle nous vivons me paraît se caractériser, entre autres particularités, par le goût des relations internationales. Tous les peuples de l'Univers se font des visites, le plus souvent courtoises; ils s'étudient les uns les autres, d'abord avec curiosité, puis avec intérêt, se communiquant leurs impressions réciproques, leurs surprises ou leurs admirations; et s'ils n'ont pas encore réussi à retirer de ces premières relations les avantages entrevus par beaucoup de sages esprits, du moins il est permis d'espérer qu'elles ne seront pas sans influence sur les destinées du progrès.

Ma présence au milieu de vous vous est une preuve du fait que je viens d'observer, avec cette nuance cependant qu'il ne se produit pas pour la première fois et que je n'ai plus à faire l'essai de la bienveillante attention d'un auditoire français.

Apprendre à se connaître soi-même était la formule favorite des philosophes de l'antiquité ; toute la science ou pour mieux dire toute la sagesse humaine était dans l'application de cette doctrine, quelque difficile qu'elle fût. Je ne sais pas si depuis Confucius et Socrate l'art de se connaître soi-même, proclamé par ces deux grands esprits comme très excellent, a fait quelques progrès ou s'il a même encore des disciples. J'avoue que dans le tumulte des accidents de la vie telle que l'ont organisée les convenances modernes, il est presque impossible de s'occuper de soi-même avec toute l'attention qu'exige impérieusement ce haut personnage, et avec tous les égards dus à son rang. Apprendre à connaître le « soi-même » de son voisin — car tout le monde est voisin aujourd'hui, — est bien plus utile et bien plus nécessaire. Il faut supposer que tous les peuples se sont mis d'accord sur cette nouvelle interprétation de la sagesse antique, puisque tous échangent, non plus seulement des produits commerciaux, mais aussi des idées, c'est-à-dire pour chacun de ces peuples les matières premières de leur civilisation.

Nul ne peut nier l'existence de ce mouvement ; il s'est produit de lui-même par une sorte d'instinct de l'humanité qui s'est souvenue peut-être, arrivée enfin à l'âge de raison, de la commune origine des destinées de l'homme, et de l'identité parfaite du but de ses efforts, de ses peines et de ses espérances. Jamais le mot « Universel » n'a eu plus de vogue; jamais il n'a eu plus d'ambition. Il aspire à devenir peuple, à conquérir l'Univers, à se créer même une langue harmonieuse que comprendront tous les hommes. Si cette merveille se réalisait, le XIXe siècle ne s'achèverait pas sans avoir entendu cette parole magique : l'incident de la tour de Babel est clos.

Mon intention n'est pas de railler : je sais trop bien par une expérience déjà longue combien les hommes ont intérêt à se comprendre avant de se connaître. Le secret de la paix sociale est peut-être dans cette formule : pour se connaître il faut se comprendre. Faites que tous les hommes connaissent, par exemple, la lettre A, cette seule lettre! vous aurez plus fait pour la paix universelle que tous les traités imaginables. S'il est exact, en effet, de supposer que c'est à la suite de la confusion des langues que les hommes sont devenus ennemis, parce qu'ils avaient cessé de se comprendre, il est également exact de conclure que c'est en favorisant parmi les classes dirigeantes le goût des langues, que le goût de la paix deviendra universel.

Vous avez remarqué, messieurs, en étudiant de

près les causes de toutes ces guerres qui désolent l'humanité, qu'on y découvre plus souvent des querelles de mots que des motifs de haine véritable. Les nationalités qui veulent s'imposer, prétendent toujours imposer aussi leur langue. Réagir contre ces rivalités des langues, c'est tenter l'assaut de la citadelle inexpugnable ; c'est travailler en faveur de la paix. Si les hommes instruits et intelligents ne veulent pas adopter une langue commune qui serait la langue d'Etat dans l'empire idéal universel, je ne vois pas d'autres moyen que d'apprendre toutes les langues indispensables, et d'arriver ainsi entre hommes du monde — ce serait bien le cas de le dire — à se comprendre. Il est permis de le désirer.

Notre Confucius a dit en s'adressant à chacun de nous à travers les siècles : « Pour progresser, renouvelle-toi chaque jour. » C'est la pensée même du progrès pratique ; l'homme qui se renouvelle sans cesse, est en union intime avec sa destinée. Certes, il est des temps où ce renouvellement n'a pas besoin de se produire par des transformations violentes, brusques; où l'âme humaine est semblable à la surface unie d'un lac dont aucune ride ne trouble la sereine tranquillité. Mais il est aussi d'autres temps où ces transformations se font par contre-coups, et où il passe dans le monde moral des accidents tels, qu'il faut pour les expliquer, leur appliquer la théorie des cyclones et des typhons. Qu'une révolution ait lieu à l'Occident, notre Extrême-Orient, si extrême soit-il, en ressent les commotions, parce qu'il y a des révolutions assez révolutionnaires pour ne pas même respecter les points cardinaux. Elles éclatent et tout l'Univers s'en émeut.

Je ne crois pas qu'il soit de circonstance de vous démontrer, messieurs, que les nations de l'Occident ont suivi à la lettre la maxime de Confucius. Elles se sont en effet renouvelées chaque jour. Elles se renouvellent encore, nous pourrions dire à chaque heure du jour. C'est l'Occident qui a produit dans l'atmosphère morale des peuples, ces courants magnétiques qui ont subitement transformé toutes choses ; c'est l'Occident qui a violemment déchiré le voile mystérieux de l'horizon qui séparait les peuples, et qui les a conviés magistralement à prendre part aux actions du progrès universel.

Je ne voudrais pas paraître à vos yeux un « rétrograde endurci » ; mais cependant permettez-moi de vous avouer en toute sincérité que si Confucius avait jamais pu prévoir jusqu'où pourrait aller le devoir de se renouveler, il aurait très probablement énoncé quelques considérants, voire même quelques amendements dont nous aurions tous retiré des bienfaits réels.

Mais il ne s'agit plus de discuter les transformations sociales : il ne s'agit même plus de les subir ; il faut les accomplir. et s'aider charitablement les uns les autres.

Vous avez donné au programme de vos travaux un titre qui résume excellemment les préoccupations du siècle : c'est celui de *Réforme sociale.* Votre programme embrasse toutes les questions, les soumet toutes à l'examen et fixe, pour chacune d'elles, selon les données d'une science dont votre maître, Le Play, a le premier établi les principes, les solutions qui leur conviennent.

Envisagée sous ce point de vue, la *Réforme sociale* m'a inscrit d'avance parmi ses disciples les plus convaincus ; car nul plus que moi n'a été frappé de la supériorité de sa méthode. La *Scienee des Sociétés* telle que Le Play l'a définie quand il a dit : « Les voyages sont à la Science des Sociétés ce que l'observation des faits est à toutes les sciences de la natnre », est devenue une science véritable qui puise ses enseignements dans l'observation et qui donne ainsi aux voyages une importance classique. Je ne crois pas que jamais explorateur ait reçu un témoignage plus élevé ni plus complet de la dignité de sa mission, et des services qu'il est appelé à rendre à la civilisation.

Si vous y consentez, messieurs, je serai pour ce soir le voyageur qui revient des pays lointains où vivent « nos concitoyens », selon l'admirable expression de Lamartine :

Je suis concitoyen de tout être qui pense.

N'est-ce pas ici, du reste, la maison hospitalière des explorateurs de la grande patrie universelle, cette Société de Géographie dont l'enseigne porte la boule du monde et qui est exactement le point de départ et le « terminus » de toutes les routes de la terre ! Vous oublierez que je parle de mon pays pour vous convaincre que j'ai cherché à ne dire que ce que je savais être vrai, et que je n'ai eu d'autre mobile, en prenant part à vos travaux que celui de faire œuvre utile et civilisatrice.

J'ai eu souvent l'occasion de remarquer que pour bien juger, il faut autant que possible ne pas employer le procédé de la comparaison, ni rapprocher de souvenirs trop facilement présents à la mémoire les faits qui nous frappent le plus. Vous devez donc en conséquence entendre sans sourire ce terme de *populations rurales* qui désigne les populations de la Chine. Nous sommes des *ruraux* dans toute l'acception du mot.

Chaque pays sans doute doit avoir sa spécialité, je veux dire un ordre établi de choses dans lequel il est passé maître. Tout homme est un spécialiste et possède un talent caché ; c'est une de nos croyances. La spécialité la plus haute est celle qui excite et utilise les dons de l'esprit. Mais souvent les dispositions naturelles ne se prêtent pas à leur essor. Un bon agriculteur vaut mieux qu'un *demi-savant.* En d'autres termes, comme le disait un ancien qui s'y connaissait, il est préférable d'être le premier dans son art, là où on l'exerce. Il y a partout une Rome et partout des Capoues. Nous sommes de l'avis de cet intelligent ambitieux. Celui qui ne se reconnaît pas capable, après des essais persévérants mais infructueux, d'arriver aux emplois que confèrent les grades littéraires, celui-là se tourne vers la terre, bravement, avec le courage énergique de l'homme qui n'ayant pas pu conquérir la première place à Rome, se venge en devenant le premier à Capoue.

Confucius a une pensée juste et pratique sur ce même sujet ; il a dit : « Ceux dont les forces sont insuffisantes font la moitié du chemin et s'arrêtent. » Grâce à cette heureuse philosophie, l'étudiant refusé aux concours échappe aux révoltes des incompris. Il quitte la ville, où il n'est pas bon de connaître la misère quand on se croit un grand homme, et s'en retourne aux champs paternels, où l'attendent, pour le consoler et l'encourager, l'affection toujours ingénieuse d'une mère et l'ambition d'aider le chef de famille dans l'administration de ses biens.

C'est là un des faits qui se passent le plus régulièrement, à de rares exceptions près. Chacun d'entre nous transporte partout où il va, *ce coin de terre, cette maison paternelle*, où se garde la place de l'absent et où se conserve l'espérance de le voir rentrer. Et quand il revient, certes, s'il rapporte la couronne des lauréats, c'est un grand honneur pour la famille ; mais s'il revient les mains vides, eh bien, il dit une bonne fois adieu aux rêves entrevus du mandarinat, et devient agriculteur chez lui, dans sa famille, sur son bien.

L'agriculture est, messieurs, l'art par excellence de la Chine. Nous la définissons volontiers : l'art d'obtenir des récoltes. De fait, la même terre produit quatre et cinq récoltes par an. Vous voyez que le sujet est intéressant pour ceux qui parmi vous « font valoir » ou qui afferment leurs propriétés sur le pied de « une récolte par an ». Evidemment ces résultats n'ont pas été obtenus sans le concours de quelques circonstances exceptionnelles, au courant desquelles je vais essayer de vous mettre. L'empire du Milieu possède un sol extraordinairement fertile connu sous le nom de « Terre Jaune. » Cette terre, qui forme par elle-même un engrais, est un sable argileux qui paraît provenir des inondations du Fleuve Jaune, et qui a beaucoup de ressemblance avec le sable fin des grandes steppes du plateau central. Dans notre langue qui aime à *parfumer* les mots, nous appelons cette partie du territoire *la fleur du Milieu.* C'est en effet la région la plus fortunée qui existe au monde ; et cette terre qui puise en elle-même, sans préparations d'aucune sorte, les éléments de sa fertilité, qui donne en abondance aux céréales, aux plantes et aux arbres leur nourriture quotidienne, est bien le chef-d'œuvre des libéralités de la Providence. Les récoltes se succèdent sans qu'il soit nécessaire de faire reposer la terre ; un tour de charrue et quelques ondées la rajeunissent et lui rendent toute sa puissance de fertilité. C'est vraiment la terre *inépuisable.*

J'ai l'air de raconter une merveille, et c'est cependant la vérité. Vous en avez une sorte de preuve dans ce fait que la couleur jaune est chez nous la couleur officielle *honorée ;* c'est la pourpre de nos empereurs ; le choix de cette couleur symbolise la reconnaissance de l'Etat.

Toute la terre n'a pas, sur la vaste étendue de notre empire, les mêmes ressources de fertilité. En dehors des limites de la terre jaune, il est des sols qui nécessitent, au contraire, les travaux les plus assidus, les renouvellements les plus riches, des irrigations fréquentes, en un mot les soins les plus minutieux. Là, les récoltes ne se produisent pas comme par enchantement ; l'existence de l'agriculteur est plus occupée, son art est plus savant.

Il lui faut employer les méthodes particulières que nos paysans se lèguent de génération en génération et qu'ils apprennent dès le bas-âge, comme on apprend ces remèdes de grand'mères dont beaucoup ont le don de guérir, et qui remplacent chez nous les ordonnances de médecin encore inconnues.

Vous connaissez les principales cultures de la Chine. Le thé et le riz sont au nombre des plus répandues ; mais ce ne sont pas les seules. L'agriculteur connaît et pratique soixante-dix sortes de cultures différentes, et c'est un des principes de son art de les faire produire à tour de rôle, et à des époques choisies, dans le même sol. On dit que le plaisir réside dans la variété ; c'est un vieux dicton que j'apprécie beaucoup, et qui s'applique non pas seulement au caractère de l'homme, mais aussi à la terre. Elle se renouvelle par la variété des récoltes. Je me souviens aussi d'avoir lu que le repos le meilleur est obtenu en changeant de travail. Ce sont des réflexions et des souvenirs qui me viennent en aide pour me démontrer qu'il y a de nombreuses corrélations entre l'esprit de l'homme et la terre. L'un et l'autre sont soumis à des activités mystérieuses qui ne sont pas toujours le fruit d'un labeur opiniâtre. Il y a des méthodes qui inspirent et qui fertilisent le travail et dont les heureux résultats semblent naître de l'association des forces dépensées. Le « pourquoi » de ces considérations échappe au vulgaire : mais il en constate les bienfaits par la permanence des récoltes, qu'elles sortent du cerveau ou de la terre.

Autrefois l'agriculture s'enseignait officiellement. Il y avait un ministre de l'agriculture suffisamment compétent pour entreprendre la tâche d'instruire le peuple dans les arts agricoles ; et de même qu'on enseignait aux hommes à lire, à écrire et à connaître les meilleures directions de l'esprit qui doivent disposer à l'obéissance et au respect, on enseignait l'art d'obtenir des récoltes. Ces enseignements sont très anciens ; ils sont consignés dans des livres réputés classiques qui contiennent et expliquent les procédés les plus pratiques se rapportant aux soixante-dix cultures. De plus ces enseignements ont été donnés avec l'autorité qui appartient aux décrets, et comme ils datent d'un temps où les familles qui constituaient l'Empire n'étaient pas encore très nombreuses, ils se sont propagés de siècle en siècle, et sont devenus la tradition.

. . .

Imaginez-vous donc, messieurs, que dans un seul district rural les douze ou quinze mille habitants qui le composent proviennent d'une seule et même souche ! Tous ces champs que vous voyez si bien cultivés, si coquettement soignés, appartiennent à des gens qui sont tous parents, à des degrés plus ou moins éloignés. Dans ces districts chacun suit les enseignements laissés par l'ancêtre commun ; le bien que chacun possède est une part d'héritage ; car, à la longue, l'immense propriété de la terre s'est divisée en autant de petites parts qu'il y avait d'ayants droit, et ces partages successifs ont donné naissance à ces petites propriétés qui ont une influence capitale sur les destinées de notre Empire.

C'est le principe même de la famille telle qu'elle a été instituée avec les droits inviolables de son autorité, qui a créé le principe de la petite propriété. A son tour celle-ci a créé la petite culture, c'est-à-dire l'état de culture qui favorise les meilleures exploitations.

Vous comprenez bien, messieurs, qu'à mesure que la famille rurale voyait s'accroître le nombre de ses membres, la question sociale se posait, pour nous comme pour vous. Qu'allait devenir à la mort du chef de famille la propriété ? Qu'allait devenir l'exploitation ? Qu'allait devenir la vie sociale ? car nous n'avions ni notaires, ni avoués pour nous donner des conseils. Fort heureusement ! c'est précisément parce que nous n'avions aucun fonctionnaire de cet ordre que nous avons franchi les caps difficiles, et que *la paix sociale a résolu la question sociale*.

Quand un principe inviolable d'autorité existe dans une institution, quelle qu'elle soit, cette institution triomphe des difficultés. La famille chinoise a toujours un chef, comme le trône dans les États monarchiques a toujours un représentant. Le roi est mort, vive le roi ! disiez-vous autrefois ; il en est de même dans nos familles : le père meurt, l'autorité passe immédiatement au fils aîné, et rien n'est changé.

La durée du deuil est de vingt-sept mois. Pendant ce temps, il n'est pas question de partages ; il ne peut pas être question d'affaires d'intérêts. La famille observe religieusement le deuil avec tout le cérémonial imposé par les rites, et le premier de tous les rites ordonne l'union de tous les membres de la famille. La famille ne se désagrège pas : elle prolonge l'état de communauté, sous la protection invisible mais présente du père que la mort à frappé. Ainsi ces mois de deuil constituent, par une sage disposition de nos législateurs, la période d'apprentissage du nouveau chef de la famille.

Permettez-moi de vous dire, messieurs, que ces vingt-sept mois... nous leur devons une grande reconnaissance. Grâce à eux, nous avons échappé aux scandales que présentent les ouvertures de testament, les partages hâtifs au lendemain de la mort, et à ces querelles d'héritiers qui créent les discussions implacables et ruinent l'esprit de famille. Je comprends qu'il y ait une question sociale difficile à résoudre quand de tels accidents se produisent. En Chine, personne ne peut élever une réclamation avant le dernier jour du vingt-septième mois. Alors chacun des membres de la famille a pu constater de quelle manière l'administration de ses biens a été dirigée, et comme il n'est pas dans la coutume, à moins de circonstances particulières, de changer un ordre reconnu satisfaisant, la famille peut rester unie autant de temps qu'elle voudra par le lien de la communauté.

Si, au contraire, par suite des mariages, les membres de la famille se trouvent aux prises avec les discussions ; si l'harmonie ne règne plus dans la famille — ce qui arrive en Chine aussi, — alors les partages se font. Le chef de la famille est toujours avantagé ; sa part est généralement double de celle des autres. Chacun des membres de la famille a donc un lot. Il arrive le plus souvent que ceux-ci se reconstituent en communauté afin de réaliser les moyens les plus efficaces pour obtenir une meilleure exploitation. Les membres de la famille qui veulent aller faire du commerce à la ville, ou qui ont obtenu des fonctions officielles à la suite de leurs examens, peuvent céder leurs parts à leurs frères qui restent au pays, moyennant une redevance ou un prix d'achat fixés par contrat. Mais ces contrats sont toujours résiliables sans indemnité, si le vendeur veut rentrer dans son bien.

Si enfin les enfants sont trop nombreux et que l'héritage paternel ne puisse pas être divisé en lots suffisamment étendus pour assurer l'existence d'une famille, alors le conseil de famille décide d'acquérir des terres dans une autre région où elles ont moins de valeur, et par le secours de l'association on réunit les capitaux nécessaires à la fondation de ces nouvelles petites colonies. Il va sans dire que les membres épars de la famille se réunissent au moins une fois chaque année dans la maison de naissance pour y honorer, sous la présidence du frère aîné, les ancêtres et leur rendre le culte de reconnaissance et de respect que la famille leur doit.

Voilà, messieurs, de quelle manière nous avons traité la question sociale, et comment, avec un seul principe fermement établi dans la famille, nous sommes parvenus à résoudre de redoutables problèmes, en évitant et le droit d'aînesse qui révolte la conscience, surtout celle des frères cadets, et le partage obligatoire qui diminue l'autorité paternelle.

Je voudrais développer les principales questions qui se groupent autour de ce sujet : car elles ont une importance décisive dans l'étude de l'organisation de notre société. Mais comment les faire entrer dans le cadre déjà agrandi de cet entretien, sans risquer de fatiguer votre attention? Nos paysans méritent cependant que vous les connaissiez un peu plus que superficiellement. Il est dit dans vos livres saints « que l'homme ne vit pas seulement que de pain, mais aussi de vérité ». Cette maxime a son application dans nos paisibles bourgades où tout n'est pas abandonné aux considérations exclusivement matérielles.

La vie des champs a ses fêtes de l'intelligence et aussi ses moments de délassement. C'est par exemple le jour de la cueillette du thé : ce sont nos vendanges. Quelle animation gaie dans nos campagnes ! Les ruraux organisent dans la maison commune une exposition des plus beaux produits de la récolte de la contrée ; on institue un jury ; on distribue des récompenses. Puis les livres anciens sont sortis des armoires, on lit, on commente les formules de la sagesse antique. Puis viennent les offrandes aux divinités protectrices des moissons florissantes ; des processions parcourent les champs.

Vous le voyez, la vie du paysan n'est pas complètement matérialisée : il se glisse quelques rayons de poésie dans cette existence vouée au travail. Les campagnes sont si belles ! toutes ces familles qui prospèrent autour de la maison éternelle — je puis bien l'appeler ainsi puisque le sol en est inaliénable — répandent autour d'elles tant de joie vraie, tant de bonheur, que le travail ne paraît plus un châtiment, mais une bénédiction ! C'est que le travail est une création incessante qui transforme l'être humain, — ce conservateur des œuvres divines, — qui n'est ni un passant ni un spectateur, comme l'ont désigné les poètes, mais un agissant sous l'impulsion d'une destinée mystérieuse qu'il n'est pas très raisonnable de nier. Quand on s'interroge soi-même, il est difficile d'admettre que le travail n'aurait de pouvoir fécondant que pour l'argile, et qu'il n'y a pas en nous une sève latente capable d'être fertilisée par le même travail. Cette loi du travail ne nous inspire aucune terreur ; nous le considérons plutôt comme un droit, et nous sommes intéressés à ce que ces vérités pénètrent dans l'intelligence de tous, parce que nous comprenons la menaçante application de cet arrêt de Confucius : « Si un homme vit dans l'oisiveté, un autre homme meurt de faim. » C'est une expérience qu'il ne faut pas tenter.

Ces réflexions vous disent, messieurs, en quelle estime les lettrés tiennent l'art de l'agriculture. L'agriculteur vous dira à son tour par les résultats qu'obtiennent ses efforts, quelles conquêtes il a réalisées et quels progrès vrais il a su accomplir dans son art.

D'abord, ses récoltes qui sont nombreuses, quatre et cinq par an. Les cultures les plus fréquentes, dans le Fo-Kien, par exemple, qui est ma province d'origine, sont le thé, le riz, le froment, la canne à sucre, le mûrier. Vous savez que nous n'avons pas de pâturages; ils ne rapporteraient pas autant que les produits de la petite culture. Les propriétés ne sont pas très étendues; celles d'un hectare et demi et deux hectares sont déjà importantes; car un hectare suffit à l'entretien d'une famille composée de vingt personnes.

Pour arriver aux résultats que je vous indique, vous devez comprendre quels soins doivent présider à la culture. Les procédés d'exploitation ne varient guère; c'est presque partout celui du « repiquage » qui est en usage. Il exige, il est vrai, des irrigations très bien aménagées, beaucoup d'engrais, et par suite une *main-d'œuvre* considérable, mais nous avons cette main-d'œuvre dans la famille. L'agriculture est la cause première de l'augmentation constante de la population. Il faut des enfants dans la famille, non seulement pour l'honorer conformément aux prescriptions du culte des ancêtres, mais aussi pour la rendre prospère au sens pratique du mot. Cette opération du repiquage consiste à faire des semis à pleines mains dans un coin de terre, de manière à obtenir une broussaille de plants qui seront ensuite retransplantés, repiqués dans une terre qui vient de produire sa deuxième ou sa troisième récolte. Il y a même des plants qui voyagent; ils sont cultivés en premier lieu dans les contrées méridionales où le soleil rend la végétation plus rapide et où les terres sont moins occupées, et ces plants sont ensuite repiqués dans d'autres contrées, dans le nord où pendant les hivers le thermomètre descend souvent à 30 degrés au-dessous de zéro. C'est ainsi qu'en Mongolie on pique des plants de blé au mois de mai, et on récolte en août.

Que vous dirai-je de plus? Ces résultats sont assez éloquents pour vous faire comprendre l'excellence de nos méthodes qui sont fondées sur des principes et qui démontrent que tout le secret de la fertilité de notre sol est dans la réalisation de ces trois conditions : le morcellement de la propriété, l'irrigation égale pour tous, et enfin la science de l'engrais. Sous ce rapport nos paysans sont d'une force qui défie toute concurrence. Il me serait impossible de vous dire en français quels progrès ils ont réalisés dans cette branche si importante de l'agriculture. Les parfums qui s'élèvent au-dessus des champs à l'époque des fumures démontrent que rien n'a été oublié, et que les engrais ne viennent pas tous du Pérou.

Sous le point de vue de la coopération que le capital doit apporter à l'agriculture, nos populations rurales ont également d'excellentes ressources. Nous appliquons depuis de longues années le principe des banques mutuelles. Ces banques existent dans chaque district et elles ont donné de très heureux résultats, sans désastres financiers. Nos banquiers ne songent pas aux douceurs de l'exil, ni aux spéculations à la Bourse. Nous ne sommes pas encore parvenus à ce haut degré de civilisation. Imaginez-vous que le banquier reçoit dans sa caisse les économies de tous les agriculteurs d'une même région. Il a ainsi un fonds de réserve qui peut devenir important. Supposons que j'aie placé moi, agriculteur, appartenant à telle famille bien connue dans le district, une somme de mille francs, par exemple. J'ai par ce seul fait le droit de demander un emprunt du double de cette somme, soit que je veuille améliorer le matériel de la ferme, soit que je veuille acheter un buffle, ou bien simplement ajouter un pavillon à la maison lorsque les enfants deviennent encombrants. Ces banques rendent beaucoup de services pour l'organisation de la coopération qui est la forme particulière sous laquelle nous envisageons l'association. Nos populations ne comprennent bien clairement que les associations d'un petit nombre d'associés; ils aiment, entre associés, à se connaître, à se garantir les uns contre les autres; ils sont prudents et avisés.

Enfin, messieurs, tout notre argent passe dans la terre. N'est-ce pas l'éloge le plus complet que je pouvais faire de l'agriculture? C'est la terre qui est la grande débitrice de la nation : c'est à elle que nous confions toutes nos économies.

Ailleurs, ce sont les Etats qui doivent à la nation. Nous, nous ne connaissons ni le consolidé, ni le 3 0/0, ni l'amortissable. Peut-être même pensons-nous, à un point de vue général, que l'argent donné à l'État pour des buts divers, est pris sur la réserve qui devrait appartenir à l'agriculture, et que c'est diminuer toutes les valeurs de la terre. Nous n'avons peut-être pas tort de penser ainsi ; parce que la véritable richesse d'un pays, celle qui ne tarit pas, celle qui suffit, c'est le produit du sol. Quelle est donc, pour dire toute ma pensée, la meilleure garantie de la paix sociale ? Mais c'est la culture de la terre ! Quel est le talisman merveilleux qui produit la paix ? C'est la charrue ! Confucius a dit, il y a bien longtemps cependant, ces graves paroles : « Les armes les plus excellentes sont des instruments de malheurs. » N'avait-il pas raison ? Oui, il est vrai de dire que l'agriculture est la plus bienfaisante des cultures. Aucune des autres, quelle qu'elle soit, ne peut prétendre à la même action.

J'ai entendu parler de l'influence néfaste qu'ont produite à certaines époques certaines théories littéraires ou philosophiques ou même religieuses. Les arts ont eu aussi des influences mauvaises. Je n'ai jamais entendu dire, je n'ai jamais lu que l'agriculture ait corrompu les mœurs ou appauvri les Etats. Je ne connais que des hymnes d'actions de grâces chantées en l'honneur de toutes les divinités protectrices des campagnes. L'agriculture fait les races fortes et courageuses ; elle apprend l'économie, fait valoir le travail, le rend précieux et sacré ; elle forme, en même temps que la conscience qui estime qu'il existe un bien d'autrui, l'âme qui peu à peu s'achemine vers la grande science de l'humanité.

Heureux sont les peuples agriculteurs, car seuls ils ont vraiment la paix sociale.

(*Vifs applaudissements.*)

M. Claudio Jannet, vice-président de la Société d'Economie sociale, *président*, prononce quelques paroles que nous résumons ainsi :

Messieurs,

Vos applaudissements répétés témoignent trop bien au général Tcheng-Ki-Tong le grand succès de parole qu'il a obtenu et notre reconnaissance à tous pour que j'aie rien à ajouter. Je dois seulement constater, comme un fait considérable dans l'histoire de notre Société, *la communication si remarquable*[1] qui vient de vous être faite.

[1] Je remercie M. Jannet.

Notre secrétaire général vous disait hier, avec l'autorité toute particulière qui lui appartient comme au dépositaire fidèle de la pensée intime de notre maître, le prix que M. Le Play attachait au concours qu'apporteraient des étrangers éminents (!!) à l'œuvre de propagande des idées justes, d'où dépend le succès dans le monde de la réforme sociale. Des Anglais, des professeurs des Etats-Unis, le brillant orateur canadien que nous applaudissions hier, nous ont déjà donné un concours précieux. Celui que vous apporte ce soir le général Tcheng-Ki-Tong *est de la plus haute importance* (!!!).

M. Le Play avait toujours étudié avec une attention spéciale les institutions du peuple chinois et dans sa dernière œuvre, *la Constitution essentielle de l'humanité*, il leur a consacré un chapitre entier. Il attribue la prospérité ininterrompue et la durée exceptionnelle de cette grande civilisation au respect de la loi de Dieu que propage la classe dirigeante des lettrés sans que jamais parmi eux aucun n'élève une voix discordante ; puis au respect de l'autorité paternelle et à celui de l'autorité légitime, qui n'est que l'autorité paternelle étendue à la grande famille nationale ; enfin à la solidité des deux cents millions de paysans propriétaires, qui occupent le sol avec une stabilité assurée par des institutions conservatrices de la famille et de ses traditions.

Le général vous décrit ces institutions avec *une*

science et avec un bonheur d'expression qui emportent la conviction. *Le fait même qu'un lettré aussi distingué soit aussi versé dans les questions agricoles pratiques, révèle l'esprit de la constitution chinoise* (!!!). Y a-t-il chez nous beaucoup de littérateurs aussi brillants que lui, beaucoup de docteurs en droit ayant aussi bien réussi leurs examens, qui soient capables d'exposer avec tant de précision *les systèmes de culture de leur pays*[1] ?

Nous espérons, général, vous voir de temps à autre prendre part à nos travaux. Vous venez de voir comment vous êtes accueilli au milieu de nous. Dans vos ouvrages vous avez toujours insisté avec une hauteur de vues à laquelle je suis heureux de rendre hommage, sur l'identité des sentiments, des aspirations, des besoins de l'homme dans tous les pays et dans tous les milieux. Les proverbes nationaux, les chants héroïques, la poésie intime, le théâtre lui-même nous montrent, grâce à vous, la fraternité des esprits et la communauté d'origine de tous les peuples. Vous voudrez donc, nous en sommes assurés, nous aider dans notre œuvre qui a pour but la paix intérieure de chaque nation et leur concorde entre elles.

[1] Ces systèmes de culture ont été étudiés par moi dans un ouvrage très intéressant et très savant dont je recommande tout particulièrement la lecture à M. Claudio Jannet. Je veux parler de la *Cité Chinoise* par Eug. Simon, ancien consul de France en Chine.

Vous avez déjà étudié avec beaucoup de succès la civilisation occidentale. Nous espérons que les travaux de notre Société vous en feront de mieux en mieux connaître le fond. Vous en avez observé admirablement les couches superficielles dans notre grande capitale, et si vous avez apprécié le charme qui les caractérise, vous avez aussi parfaitement saisi leurs travers. Des observations vous ont permis de prendre une revanche piquante, pleine d'esprit et de goût, contre les critiques et les préjugés dont votre grande civilisation était l'objet chez nous alors qu'on ne la connaissait pas. Je parle d'il y a cinquante et cent ans.

Mais quand vous étudierez dans les monographies de Le Play et dans celles de ses continuateurs les populations stables et morales de nos campagnes et de nos manufactures, si nombreuses encore, vous aurez une meilleure idée de notre civilisation occidentale, parce que votre connaissance en sera plus complète.

Notre civilisation est sœur de la vôtre. L'une et l'autre remontent à cette révélation primitive donnée par Dieu au genre humain et dans laquelle les peuples restés fidèles à leurs traditions se rencontrent, selon une heureuse expression, dans la grande catholicité patriarcale. Quand vous aurez étudié les foyers purs, féconds et laborieux que nous possédons à tous les degrés de notre société, mais que nous aimons surtout à mettre en honneur quand nous les rencontrons dans les classes laborieuses, vous pourrez vous rendre compte de ce que l'Evangile a ajouté à ce fond d'institutions et de traditions, qui nous est commun et qui nous a si heureusement réunis ce soir. (Applaudissements.)

DISCOURS

LU PAR LE GÉNÉRAL TCHENG-KI-TONG

AUX OBSÈQUES DE M. PROSPER GIQUEL

(26 février 1886)

Messieurs,

Au nom de tous mes camarades qui ont fait partie des missions d'instruction, je viens rendre à la mémoire de notre vénéré directeur Prosper Giquel l'hommage de la reconnaissance, exprimer les regrets profonds que nous cause sa mort prématurée.

Lui, si jeune encore d'âge et de dévouement! Lui, l'enthousiasme même, toujours ardemment épris de sciences et de progrès; passionné, comme seules les grandes âmes, pour tous les devoirs qui commencent par le courage, se continuent et s'achèvent par le travail opiniâtre! Lui, le plus séduisant et le plus noblement ambitieux parmi tous les amis de notre pays! Lui, que je quittais, il y a à peine quelques semaines, souriant malgré tout à l'espérance et fuyant presque gaiement l'hiver fatal pour rejoindre le soleil vivifiant!...

Ah! Je me souviens qu'il me disait au revoir et

à bientôt ! il est mort, et toutes ces heureuses pensées du retour se sont voilées de deuil ainsi que des orphelines.

Il faut dire, avant que le caveau sombre reçoive ce vaillant, qu'il a été durant sa vie trop courte ce que peu d'hommes parviennent à devenir durant une vie longue ; à savoir : un méritant à force de volonté. Giquel, quoi que fasse l'ingratitude humaine, fera sa trouée dans la postérité ; et si jamais les contemporains se plaisent à inscrire sur des tablettes de quelque nouvel arc de triomphe les noms les plus dignes qui ont honoré la France moderne, ils n'auront garde d'oublier celui de Prosper Giquel.

Ce qu'il a été pour chacun de nous, depuis le jour où il nous a adoptés, pour nous faire entrevoir de plus haut, par toutes les ressources que donnent les lettres et les arts, les perspectives enchantées de la paix et de la civilisation universelle, nul ne le saurait si cet homme de grand cœur pouvait se lever de sa tombe et imposer silence aux révélations indiscrètes de notre reconnaissance.

Mais les hommes de cette trempe sont rares en ce siècle. Pourquoi ne serait-il pas permis de rappeler les hautes vertus de celui que la mort injuste et maladroite frappe avant l'heure? Et n'est-ce pas une sorte de consolation de saluer de tous ses titres d'honneur, au moment suprême du départ pour l'éternelle absence, l'homme au cœur toujours sûr, l'ami délicat, le fonctionnaire droit et prudent dont ce cercueil renferme les restes inanimés.

Ah ! si dans le monde espéré auquel il semble qu'il soit si logique et si nécessaire de croire quand la douleur est inexplicable et désillusionne la sagesse de nos prévisions, quelque grand maître des cérémonies annonce en ce moment quel est ce nouveau venu, ne croyez-vous pas, messieurs, qu'il s'est fait dans le ciel une grande attention, et que les plus illustres de cette patrie idéale, à l'exemple de ce qui s'est vu sur la terre, sont venus à sa rencontre et lui ont fait escorte ?

C'est que Giquel a eu le privilège de posséder la seule puissance morale, la seule passion qu'il soit peut-être indispensable de cultiver dans le temps où nous vivons, à l'exclusion de toutes les autres : il a eu l'amour de son pays !

Pour nous, qui sommes accoutumés à ne voir dans les Étrangers que des Étrangers, Giquel était devenu le Français ; il représentait sa douce patrie, la France, dans toute sa personne, qui était à la fois si délicate et si énergique ; dans sa physionomie si fine, si sérieusement bonne, si exacte ; dans toute cette vaillance d'esprit et de cœur, enfin, qu'il exprimait avec un tel charme qu'on devait s'estimer soi-même pour avoir eu le bonheur de lui plaire. Dans cette âme d'élite, il y avait un soldat et un artiste.

Durant sa maladie, sa pensée, nous disent ceux qui l'ont approché, se reportait sans cesse vers les nouveaux élèves confiés à ses soins, il se reprochait souvent l'inactivité où le retenait le mal implacable qui le rongeait. Quelques heures avant d'expirer, il concevait encore les plus riants projets d'avenir... Hélas ! toutes ces espérances se sont envolées avec son âme : l'homme est tombé, mais pour se relever dans le souvenir fidèle de ses disciples et dans l'exemple inaltérable qu'il a donné à tous : il n'est pas mort tout entier.

Dors en paix, cher vénéré ami, l'œuvre de ta vie trouvera ses admirateurs et ses continuateurs.

Autour de ta tombe sont réunis, associés dans la même douleur, tes amis et des compatriotes d'adoption qui consacrent à ta mémoire la même couronne. Puisse-t-elle être le gage de cette union pacifique à laquelle tu as toujours si ardemment travaillé, et qui a été la préoccupation constante de tes pensées, en même temps que l'espérance et le vœu de ton dernier soupir !

Dors en paix, ami : l'avenir grandira ton nom et lui assurera l'immortalité.

FIN

TABLE DES MATIÈRES

ÉVREUX, IMPRIMERIE DE CHARLES HÉRISSEY

www.ingramcontent.com/pod-product-compliance
Ingram Content Group UK Ltd.
Pitfield, Milton Keynes, MK11 3LW, UK
UKHW012011240726
13965UKWH00002B/299